DES RAPPORTS
DE LA STIPULATION POUR AUTRUI
AVEC LA GESTION D'AFFAIRES

THÈSE POUR LE DOCTORAT

Soutenue le 21 Décembre 1899, à 2 heures 1/2

PAR

G. LE BRAY

Avocat à la Cour d'Appel

Président.... M. SALEILLES, professeur.

Suffragants... { M. Léon MICHEL, professeur.
{ M. GARÇON, professeur.

PARIS

A. PEDONE, ÉDITEUR

LIBRAIRE DE LA COUR D'APPEL ET DE L'ORDRE DES AVOCATS

13, RUE SOUFFLOT, 13

1899

DES RAPPORTS DE LA STIPULATION POUR AUTRUI

AVEC LA GESTION D'AFFAIRES

DES RAPPORTS

E LA STIPULATION POUR AUTRUI

AVEC LA GESTION D'AFFAIRES

THÈSE POUR LE DOCTORAT

Soutenue le 21 Décembre 1899, à 2 heures 1/2

PAR

G. LE BRAY

Avocat à la Cour d'Appel

Président..... M. Saleilles, professeur.
Suffragants... { M. Léon Michel, professeur.
{ M. Garçon, professeur.

PARIS

A. PEDONE, ÉDITEUR

LIBRAIRE DE LA COUR D'APPEL ET DE L'ORDRE DES AVOCATS
13, RUE SOUFFLOT, 13

1899

BIBLIOGRAPHIE

Aubry et **Rau**. — *Cours de droit civil français.*

Accarias. — *Droit romain.*

Bazenet. — *De l'assurance sur la vie contractée par un époux au profit de l'autre.* Thèse de doctorat 1889.

Baudry-Lacantinerie et **Barde**. — *Des obligations.*

Champeau. — *De la stipulation pour autrui.* Thèse de doctorat 1893.

Coulazou. — *De la stipulation pour autrui dans les assurances sur la vie.* Thèse de doctorat 1890.

Couteau. — *Traité des assurances sur la vie.*

Dalloz. — *Jurisprudence générale.*

Demolombe. — *Cours de Code civil.*

Deslandres. — *De l'assurance sur la vie.* Thèse de doctorat 1889.

De la Grasserie. — *Projet de Code civil allemand.*

Girard. — *Cours de droit romain et Textes de droit romain.*

Gazette des Tribunaux.

Heck. — *L'assurance sur la vie.* Traduction de Brissault et Lefort.

Journal des assurances.

Lambert. — *Du contrat en faveur des tiers.*

Lefort. — *Traité du contrat d'assurance sur la vie.*

Labbé. — *Des effets de la ratification des actes d'un gérant d'affaires.*

Lyon-Caen et **Renault**. — *Traité de droit commercial.*

Michel. — *De la gestion d'affaires.* Thèse pour le doctorat 1883.

Mornard. — *De la nature du contrat d'assurance sur la vie.* Thèse de doctorat 1883.

Pothier. — *Traité des obligations.*

Rabatel. — *De la nature de l'assurance sur la vie.*

Recueil périodique des assurances.

Recueil de législation de Toulouse.

Recueil périodique de pandectes françaises.

Revue générale du droit.

Revue de droit international et de législation comparée.

Saleilles.— *Essai d'une théorie générale de l'obligation, d'après le Code civil allemand.*

Sirey. — *Recueil général des lois et arrêts.*

Tartufari. — *Dei contratti a favore di terzi.*

Toullier. — *Le droit civil français.*

Vignes. — *Rapports de la stipulation pour autrui et de la gestion d'affaires.* Thèse de doctorat 1892.

PRÉFACE

L'article 1119 du Code civil dit en propres termes :
« On ne peut, en général... stipuler en son propre
nom que pour soi-même. »

Les Romains disaient dans le même sens : *Nemo
alteri stipulari potest*. C'est donc une vieille règle
que reproduit notre Code civil. Que signifie-t-elle ?

Elle signifie d'abord que, si je stipule en mon propre nom pour autrui, le tiers au profit duquel la
stipulation a été faite n'aura pas d'action pour contraindre le promettant à lui fournir la prestation
promise.

De plus, le stipulant ne pourra pas non plus forcer le promettant à exécuter sa promesse. Ce dernier n'est point obligé en vertu d'une telle stipulation.

On conçoit les inconvénients d'un pareil système.
Il est souvent de la plus haute utilité pour une personne de pouvoir réclamer le bénéfice d'un contrat
auquel elle n'a pas été partie, mais qu'une autre personne a fait à son profit.

Je reconnais volontiers que, dans la Rome primitive, où les rapports commerciaux sont peu nombreux et peu importants, on n'ait point senti le besoin d'admettre la validité de la stipulation pour autrui ; mais il est tout au moins regrettable que, dans l'état actuel de notre civilisation, on ait songé à maintenir cette prohibition archaïque.

Les législateurs modernes ont compris toute l'utilité qu'il y avait à ne pas conserver une pareille disposition et l'article 442 du Code civil allemand nous dit en propres termes : « Lorsque dans un contrat l'un des contractants promet une prestation à un tiers, il en résulte directement, au profit du tiers, le droit d'exiger la prestation du promettant, s'il résulte du contenu au contrat que ce droit du tiers a été dans l'intention des parties. Le contractant qui a reçu cette promesse a, sauf conventions contraires, le droit d'exiger que la prestation soit faite au tiers. »

D'ailleurs, le Code civil lui-même établit un correctif à la règle générale.

Cette exception est contenue dans l'art. 1121 : « On peut pareillement stipuler au profit d'un tiers lorsque telle est la condition d'une stipulation que l'on fait pour soi-même ou d'une donation que l'on fait à un autre. Celui qui a fait cette stipulation ne peut plus la révoquer si le tiers a déclaré vouloir en profiter. »

Ainsi, dans ces deux cas, la règle de l'art. 1119 se trouve contredite. Nous nous trouvons bien ici en présence de stipulations pour autrui et, dans ces hypothèses, non seulement le tiers aura une action directe pour contraindre le promettant à s'exécuter, mais encore le stipulant pourra le forcer à remplir son engagement.

En dehors de ces deux cas qui, au premier abord du moins, semblent devoir s'appliquer rarement, la théorie générale subsiste avec tous ses inconvénients.

Aussi, a-t-on cherché à tourner la prohibition contenue dans l'art. 1119 et à valider certains cas de stipulation pour autrui. On y est arrivé en faisant intervenir la notion de gestion d'affaires.

En effet, que cherche-t-on surtout en stipulant pour autrui? A faire acquérir au tiers un droit direct en vertu duquel il pourra réclamer au promettant la chose due.

Or, le stipulant peut très bien être considéré comme un représentant. Il parle au nom et pour le compte du tiers. Par son intermédiaire, ce dernier se trouvera saisi d'un droit à l'égard du promettant. Ceci fait, le représentant disparaît et il ne reste plus en présence que deux personnes : un créancier et un débiteur.

Voilà un acte parfaitement permis. On m'objectera que ce n'est pas là une véritable exception à la règle générale. L'art. 1119, en effet, n'a pas entendu exclure les cas de représentation. Il ne prohibe que les stipulations faites en son nom personnel pour autrui et ne vise pas les stipulations faites au nom d'autrui. Cela est évident, mais qu'importe si, au moyen de la gestion d'affaires, nous arrivons à tourner cette disposition gênante de l'art. 1119. Là seulement est notre but. Ce sera l'objet de cette étude.

Dans une première partie nous ferons l'historique de la question. Nous nous demanderons si, dans quelques cas exceptionnels, le principe de la représentation a pu servir à valider des stipulations pour autrui, en droit romain. Nous verrons également, si, en dehors de toute idée de représentation, il existait à Rome, comme dans notre article 1121, des cas de ce que les jurisconsultes modernes ont appelé des contrats en faveur des tiers.

Nous étudierons ce que devinrent les théories romaines à ce sujet chez les glossateurs et les commentateurs. Nous verrons les décisions du droit canonique. Enfin nous chercherons ce que nos anciens auteurs depuis Beaumanoir jusqu'à Pothier ont pensé de la question.

Dans une deuxième partie nous nous demanderons quelles seront les conditions pour qu'une stipulation pour autrui puisse être validée comme gestion d'affaires. Nous nous poserons la question de savoir si toute stipulation pour autrui pourra toujours être considérée comme gestion d'affaires. Nous développerons les différents systèmes qui ont été émis sur la question, et nous verrons quelles ont été leurs applications.

Dans une troisième et dernière partie nous étudierons les effets de la gestion d'affaires appliquée à la stipulation pour autrui. Nous les comparerons à ceux produits par la stipulation pour autrui dans les cas où elle est permise. Nous montrerons enfin qu'il y a là deux institutions absolument différentes, différentes par leur nature et leurs conséquences, et qu'il faut seulement chercher à les étudier séparément puisqu'elles n'ont entre elles aucune ressemblance.

PREMIÈRE PARTIE

CHAPITRE PREMIER

LE DROIT ROMAIN.

La stipulation pour autrui n'est pas permise à Rome. De nombreux textes nous le déclarent. « *Nemo alteri stipulari potest* », disent les juriconsultes. Cette solution se conçoit au point de vue historique et juridique.

C'est un principe non contesté à l'heure actuelle que les Romains ont voulu limiter et sanctionner les rapports d'obligation aux seuls besoins de la vie pratique. Or, à l'époque où les règles générales de la stipulation ont été introduites, il est certain que la prohibition des stipulations pour autrui n'avait rien de gênant.

Et de plus, les conséquences mêmes du droit s'opposaient à ce qu'il en fût autrement. La stipulation est un contrat de droit strict entouré de certaines formalités prescrites par la loi à peine de nullité. Le lien juridique ne peut naître qu'entre personnes présentes dont l'une, en employant des paroles sacramentelles, interroge l'autre qui doit faire une réponse concordante. L'intention des parties n'est rien ; on prend seulement en considération les *verba solemnia* qui ont été prononcés.

La règle « *Nemo alteri stipulari potest* » s'est maintenue dans tout le droit Romain avec ses conséquences. Quelles étaient-elles ?

Nous avons déjà dit, dans notre préface, qu'elles étaient au nombre de deux.

Le tiers au profit duquel la stipulation aura été conclue ne pourra pas réclamer au promettant la chose due.

En second lieu, le stipulant lui-même n'aura pas d'action pour contraindre le promettant à remplir son obligation.

Nous nous trouvons en présence d'un contrat sans créancier.

Il est certain, nous le montrerons par la suite, que les Romains ont senti le besoin de déroger à ces principes.

La façon la plus simple, c'était de n'admettre que l'une de ces fâcheuses conséquences, la deuxième, et, supprimant la première, de permettre au tiers de réclamer ce qui avait été promis en son nom.

Or, on arrive à ce résultat en faisant intervenir la notion du contrat par représentant. Je conçois parfaitement qu'un représentant puisse conclure des contrats dont le bénéfice tout entier appartiendra au représenté. Mais le représentant n'est qu'un intermédiaire. Le lien juridique une fois né, il disparaît et laisse seulement en présence le représenté créancier et le promettant débiteur.

Cette théorie qui nous paraît très simple, dans l'état actuel de notre législation, se heurte à un gros principe de droit romain.

A Rome, on n'a jamais connu la représentation telle que nous l'entendons aujourd'hui. Lorsque le mandant ou le gérant d affaires contracte, c'est dans sa personne que naîtront les actions qu'il possède en vertu de l'obligation conclue ; de même lui seul pourra être poursuivi.

Le *dominus* n'aura qu'un parti à prendre, ce sera de réclamer au mandant le bénéfice qu'il a retiré du mandat. D'un autre côté, le mandant pourra se faire ndemniser de tout ce qu'il a payé de ce chef. Voilà pourquoi les Romains ont inventé les actions *mandati directa et contraria — negotiorum gestorum directa et contraria.*

Ce principe subit certainement quelques légères modifications, mais il subsiste toujours même sous Justinien. On comprend donc pourquoi la théorie que nous avons présentée ne fut jamais érigée en thèse générale.

Malgré cela des cas exceptionnels de représenta-

tion furent admis et sanctionnés. Ils sont peu nombreux et semblent exiger certaines formalités particulières. Nous allons les étudier, et nous montrerons comment, dans certaines hypothèses d'un nombre très restreint, la représentation servit à valider
des stipulations pour autrui.

Nous ne pouvons cependant commencer cette
étude sans mentionner un autre gros principe du
droit romain en vertu duquel on peut acquérir par le
fait des personnes soumises à sa puissance.

Si le fils de famille ou l'esclave stipule, le bénéfice
de cette stipulation appartient au père ou au maître.

Voilà donc un cas où, de tout temps, depuis le
droit le plus ancien, les Romains ont admis l'acquisition d'une chose au profit d'autrui.

On dit souvent que, dans cette hypothèse, le fils
et l'esclave représentent activement le père ou le
maître. A vrai dire, nous ne croyons pas qu'il faille
voir ici une idée de représentation. Les Romains ne
l'ont jamais connue, et je ne crois pas que, par cette
notion, ils aient pu porter une atteinte si grave aux
principes établis.

Mais nous voyons bien là une conséquence évidente de leurs doctrines, si nous rattachons cette
règle à cette autre dont, pour nous, elle est insépa-
rable, que le fils de famille et l'esclave ne peuvent
avoir rien qui leur soit propre. Ils peuvent acquérir,

mais le bénéfice de leur acquisition ne leur profitera pas.

Et ce qui semble bien corroborer notre idée, c'est que, si des exceptions sont intervenues dans la matière, elles constituent des dérogations à cette seconde règle. Avec le temps, la rigueur primitive des principes disparaît. L'équité aidant, la théorie des pécules se fait jour, puis celle des *bona adventicia*. Mais la théorie générale subsiste, et Justinien peut dire encore : « *Adquiritur nobis per eos quos in potestate habemus* » (Inst. liv. 2, 9).

C'est parce que nous ne croyons pas nous trouver là en présence de l'idée de représentation que nous avons parlé à part de cette hypothèse.

Avant de passer à l'étude des cas exceptionnels de représentation, il nous reste encore une question à poser.

Nous avons vu que la règle : « *Nemo alteri stipulari potest* » contenait une double prohibition. Nous avons dit que notre notion constituait un moyen détourné d'arriver à l'encontre de notre règle en lui faisant produire l'un des deux effets qu'elle défend. Existe-t-il un moyen direct ? En un mot, les Romains ont-ils, dans certains cas et en raison de considérations spéciales, permis de stipuler pour autrui, contrairement à leurs principes et en faisant produire à cette stipulation tous les effets défendus par le droit ?

Ont-ils connu ce que l'on appelle maintenant le contrat en faveur de tiers?

Il ne faut pas hésiter à répondre affirmativement. Mais il ne faudrait pas croire que les jurisconsultes aient édifié une théorie spéciale de ce contrat. Les besoins commerciaux et économiques ont fait fléchir quelquefois les principes établis. Mais les Romains n'ont vu là que les conséquences d'une nécessité pratique.

Ils n'ont jamais songé à ériger en doctrine générale ce qui, étant donnée la rigueur de leurs conceptions juridiques, ne pouvait jamais constituer que des exceptions restreintes aux exigences de la vie.

Après avoir étudié les cas dans lesquels la représentation fut permise, nous verrons ceux où l'on peut découvrir la notion du contrat en faveur de tiers.

De la représentation.

Nous diviserons notre étude en plusieurs paragraphes, suivant le nombre des matières dans lesquelles nous pourrons trouver des cas exceptionnels de représentation.

§ I⁰ʳ. — *Tutelle et curatelle.* — Le tuteur, dans l'administration dont il est chargé peut agir de deux façons, ou bien il donne au pupille son *auctoritas,* ou bien il gère lui-même. Dans le premier cas, c'est le pupille qui parle, c'est donc dans sa personne que se réaliseront les effets juridiques de l'obligation qu'il contracte : c'est lui qui sera créancier ou débiteur. Il n'y a là rien qui puisse nous intéresser.

Il en est autrement lorsque le tuteur gère lui-même ; les principes du droit conduisent à décider que les conséquences de ses actes profiteront à lui seul ou seront à lui seul opposables. Or, il est des cas dans lesquels le tuteur ne peut donner son *auctoritas,* et est contraint d'employer le procédé de la gestion.

Aussi les Romains ont-ils été forcés d'accorder au tuteur et au pupille des actions réciproques par lesquelles ils poursuivront le remboursement des créances qu'ils peuvent avoir l'un contre l'autre : ce sont les actions *tutelæ directa et contraria.*

Mais que d'inconvénients ce système-là présente ! En dehors des complications qu'il entraîne, chaque partie court les risques de l'insolvabilité de l'autre. Aussi a-t-on senti le besoin dans certains cas particuliers de déroger aux principes.

Le Digeste et le Code consacrent chacun un titre à ces exceptions : *Quando ex facto tutoris, vel curataris, minores agere vel conveniri possunt.* Dig. liv. 26, 9. Code liv. 5, 39. En les combinant, on peut découvrir quatre cas dans lesquels le mineur pourra directement revendiquer le bénéfice d'un acte fait par son tuteur.

1o Le tuteur a donné en *mutuum* de l'argent appartenant à son pupille ; celui-ci, à la cessation de la tutelle, aura une action utile pour contraindre l'emprunteur à lui rembourser le montant du prêt.

2o Dans le même ordre d'idées, un tuteur fait un pacte de *constitut* et le débiteur promet qu'il paiera au mineur ; par cette seule promesse, ce dernier pourra réclamer le paiement. Cf. loi 5, § 9. Dig. *de pecun. const.* 13, 5.

3o Le tuteur a acheté des *prædia* avec des deniers appartenant au pupille ; c'est ce dernier qui est devenu propriétaire, car le jurisconsulte nous dit qu'il peut revendiquer sa chose.

4o Enfin un tuteur défend son pupille en justice, il triomphe. Les principes du droit auraient conduit à décider que l'action *judicati* naîtrait dans la personne du tuteur. Ici par exception le mineur pourra agir directement[1].

---

[1] En sens inverse les textes énumèrent plusieurs cas dans lesquels le pupille peut être poursuivi en raison d'obligations contractées par le tuteur. Exemple : Un tuteur est cohéritier du pupille : on le poursuit en raison d'un fidéicommis et il fournit caution pour le tout ; une action sera donnée contre le pupille proportionnellement à sa part. Cf. aux titres cités plusieurs exemples similaires.

En dehors de ces cas, il est un exemple plus connu qui mérite de retenir notre attention.

Le pupille étant *infans*, une succession lui échoit. De graves difficultés vont s'élever, car il faut faire adition ; cette adition doit être faite par l'héritier lui-même ; et la plupart du temps cette formalité comportera l'emploi de paroles sacramentelles, à peine de nullité (*adition cum cretione*). Or, nous l'avons dit, le pupille est *infans* ; il ne peut faire aucun acte par lui-même, même *auctoritate tutoris*, puisqu'il ne peut pas parler. Le seul procédé employé par le tuteur pendant cette période est celui de la gestion, et, d'un autre côté, en raison de la gravité spéciale attachée à l'adition d'une hérédité, il ne peut faire cet acte pour le compte du pupille. On se trouve évidemment dans une impasse. Comment en sortir ?

Reculer l'adition jusqu'au moment où le pupille sorti de l'*infantia* pourra parler *auctoritate tutoris,* présentait de graves inconvénients. C'était laisser en suspens la situation des créanciers et des légataires, qui ne savaient à qui s'adresser pour se faire payer de leurs créances ou de leur legs.

C'est pourtant à ce parti que l'on s'arrêta pendant bien longtemps. Il faut aller jusqu'à Théodose II et Valentinien III, pour trouver une solution conforme au bon sens et à l'équité. Ces empereurs

permirent au tuteur de faire adition pour le compte
du pupille *infans* ; et ils décidaient que tous les effets
de cette adition naîtraient dans la personne du pupille.

Nous venons d'indiquer des cas exceptionnels
dans lesquels le fait du tuteur pourra directement
profiter au pupille. A notre avis, l'énumération que
nous en avons faite doit être limitative. En effet, le
§ 5 Code : *Quando ex facto tutoris...*, liv. 5, 39, nous
dit en propres termes qu'il n'en sera ainsi que dans
certains cas bien déterminés : *nisi ex certis casibus*.
Or, nous n'avons trouvé aucun autre texte créant de
nouvelles exceptions.

Dans une hypothèse voisine, la *cautio rem pupilli
salvam fore* va nous faire voir comment le pupille
peut devenir créancier de son tuteur, en vertu d'une
stipulation à laquelle il n'a pas été partie. La *cautio
rem pupilli salvam fore* est une stipulation qualifiée
du nom de commune en ce sens qu'elle peut être
ordonnée par le préteur ou par le juge : elle est ou
prétorienne ou judiciaire. Le plus souvent, elle sera
prétorienne. Sur le *jussum pretoris*, le tuteur promet-
tra au pupille *rem salvam fore*. Cette promesse sera
fortifiée le plus souvent par l'engagement de débiteurs
accessoires. Le pupille aura là une garantie de plus
et l'action *ex stipulatu* qu'il pourra intenter lui assu-
rera la conservation intégrale de son patrimoine.

On conçoit qu'il n'y ait aucune difficulté quand le pupille est sorti de l'*infantia*. Il a toujours pu rendre sa condition meilleure sans avoir besoin de l'*auctoritas tutoris*. En stipulant, il ne dépasse pas la limite des actes qui lui sont permis. Mais que décider s'il est *infans*? Plusieurs textes viennent nous donner la solution du problème.

C'est d'abord la loi 2 Dig. *rem pupilli salvam fore,* liv. 46, 6. Elle décide que si un pupille est *infans*, son esclave stipule pour lui; s'il n'en a pas, on lui en achète un, s'il n'a pas d'argent, un esclave public doit stipuler devant le tribunal du préteur. La loi 3 *eod. tit.* qui complète la précédente ajoute que, dans tous les cas, le préteur doit désigner quelqu'un pour jouer le rôle de stipulant.

Enfin, la loi 1, § 15 Dig. *de magist. conven.* liv. 27, 8, décide que, à défaut de personne pour remplir ce rôle, ce sera le magistrat lui-même qui stipulera.

On conçoit fort bien que, lorsque le pupille *infans* a un esclave, le bénéfice de la stipulation faite par ce dernier passe à son maître. C'est là le droit commun.

L'exception consiste à décider qu'il en sera de même lorsque le *servus publicus* ou surtout le magistrat aura reçu cette *cautio*. Je ne crois pas qu'il soit possible d'expliquer ce phénomène juridique si l'on ne fait pas intervenir l'idée de représentation. S'il en est ainsi tout s'explique. Il n'y a rien d'ailleurs qui puisse nous étonner. Nous sommes ici en matière de stipulations prétoriennes où la méthode d'interprétation large des *verba solemnia* prévalut de bonne heure[1]. Le magistrat est maître de la formule et de ses effets ; il peut tenir compte de la volonté des parties. Nous verrons dans la suite que cette théorie prétorienne n'est pas spéciale à la *cautio rem pupilli salvam fore.*

Enfin, nous pouvons rapprocher de notre dernier exemple, un cas prévu par la loi 10 Dig. *quod cujus cumque univers nomine vel contra eam agatur*, liv. 3, 4. Un *actor* ou *administrator* des biens d'une ville a reçu les cautions *legatorum, damni infecti, judicatum solvi.* Pour une cause quelconque, ses fonctions cessent. Le nouvel *administrator* ne pourra pas exercer les actions nées de ces stipulations. Cependant, *utilitatis causa*, le jurisconsulte décide qu'il le pourra. Il est à remarquer que les stipulations dont il s'agit sont toutes prétoriennes. Ce texte ne fait donc que confirmer ce que nous disions ci-dessus.

§ II. *Mandat.* — Nous diviserons cet important paragraphe en plusieurs parties, et nous verrons

---

[1] Voy. M. Jobbé-Duval à son Cours, 1896-97. *Des Stipulations prétoriennes.*

dans quels cas les Romains admettent contrairement à leurs principes la représentation du mandant
par le mandataire.

Une remarque générale s'impose. Dans tous ces cas,
la dérogation au droit porta d'abord sur la représentation au point de vue passif. Rendre le mandant
directement débiteur par suite du fait de son mandataire, voilà le but que l'on poursuit. En argumentant
par analogie, il apparaît clairement qu'il faut aussi
rendre le tiers qui a contracté, directement comptable
de son obligation vis-à-vis du mandant. C'est la contre-partie équitable de la première réforme, et ce fut
bien là la théorie romaine.

A. *Mandat ad. litem.* — La procédure formulaire
avait réalisé une importante réforme relativement
aux personnes qui pouvaient figurer à l'instance.
Désormais les parties pourront se faire représenter
en justice.

Il n'en était pas de même en général sous les
actions de la loi. *Nemo alieno nomine lege agere potest*
disent les textes (Gaius, IV, § 85).

Le représentant peut être primitivement ou un
cognitor ou un *procurator*.

Le *cognitor* est celui qui est constitué en présence
de l'adversaire et en termes solennels. Gaius (Com.
IV, § 83) nous indique quelles étaient les paroles
employées. Il importe peu que le *cognitor* soit pré-

sent ou absent, pourvu toutefois qu'il ait connaissance de ses fonctions.

Le *procurator*, au contraire, n'a pas été constitué en termes solennels ; cela s'est fait en l'absence ou à l'insu de l'adversaire.

Si l'on se trouve en présence d'un *cognitor*, celui-ci représentera le mandant. Gaius nous le dit positivement « *merito loco domini habetur* » (IV, § 97). De plus le § 317 des *Fragments du Vatican* décide que l'action *judicati* donnée en exécution de la sentence, était accordée non au *cognitor* ou contre lui, mais au mandant ou contre lui.

Au contraire, le *procurator* est soumis au droit commun.

Comment expliquer cette différence ? A notre avis c'est en matière de stipulation prétorienne que le préteur fut appelé à faire cette distinction.

Il nous paraît certain que les pouvoirs du *cognitor* ou du *procurator* aient été primitivement assimilés. Or le tiers qui contractait avec un représentant pouvait obliger ce dernier à promettre, sous la forme de la stipulation, et en faisant intervenir, s'il y avait lieu, des débiteurs accessoires, que le *dominus* ratifierait. C'est la *cautio ratam rem dominum habiturum* ou de *rato*.

La réforme consista à dispenser le *cognitor* de fournir cette *cautio*. C'est que ce représentant inspirait plus de confiance au préteur ; il n'y avait pas à craindre qu'il puisse agir sans mandat. On était certain que le maître ratifiait par avance le résultat du procès. De là à permettre au tiers d'exercer directement son action contre le mandant il n'y avait qu'un pas. En raison des garanties dont était entouré le *cognitor*, le préteur le décida ainsi ; et par voie de réciprocité il déclara que le mandant pourrait intenter l'action *judicati* contre le tiers.

Cette doctrine est certaine à l'époque classique. Elle s'étendit au cas où un *procurator* avait été constitué *in litem*, en présence de l'adversaire, mais sans l'emploi des paroles solennelles. C'est le *procurator præsentis*. Dès lors, l'institution du *cognitor* tomba en désuétude. Les règles qui s'appliquaient au *procurator* furent alors restreintes uniquement à celui qui avait été constitué en l'absence de l'adversaire : *procurator absentis*.

Bien que les textes ne semblent point faire de distinction, il est probable que ce ne fut qu'*utilitatis causa* que le préteur réalisa sa réforme. Il ne pouvait employer d'autre procédé en la matière, puisque le résultat auquel il arrivait était complètement opposé aux déductions du droit civil. D'ailleurs, si nous ne pouvons pas avoir de certitude absolue lorsqu'il s'agit du *cognitor,* il n'en est pas de même pour le *procurator præsentis.* Ulpien nous dit positivement que c'est une action utile qui sera donnée au *dominus*. Il présente cette décision comme non controversée (loi 79, Dig. *de verb. oblig.* liv. 45, 1).

B. *Mandat commercial.* — Là encore, c'est le préteur qui prépara la voie. Il est certain que, sous des conditions et dans des cas déterminés, le préposant put avoir une action en raison de contrats passés pour les besoins du commerce par son préposé. Comment était-on arrivé à cette solution ?

Il arrivait fréquemment qu'un père de famille ou un maître plaçait son fils ou son esclave à la tête d'un commerce quelconque, ou bien encore le préposant armateur donnait la conduite d'un bateau à son préposé. La situation des tiers qui contractaient avec le mandataire était très aléatoire. L'esclave ne s'oblige pas civilement par ses contrats, et, s'il en est autrement du fils de famille, le résultat est le même, puisque celui-ci, du moins jusqu'à une époque assez avancée du droit, ne peut avoir rien en propre. Une inégalité flagrante existait donc entre la situation des tiers et celle du maître qui, lui, profitait des stipulations faites à la personne en puissance.

C'est pourquoi le préteur, lorsque le fils ou l'esclave avaient contracté dans la limite de leur préposition, permit-il aux tiers d'agir contre le maître. A cet effet, il leur accorda les actions *quod jussu, institoria, exercitoria.*

Cette réforme importante ne devait pas rester là. Avec le temps, les rapports commerciaux prennent de l'extension. Il arriva fréquemment qu'une personne, au lieu de préposer à l'administration d'une *taberna* par exemple son fils ou son. esclave, désignait l'esclave d'autrui, ou même un homme libre.

Par assimilation au cas précédent on permit aux tiers d'exercer contre le préposant les actions *quod jussu, institoria, exercitoria*. (Gaius IV, § 71).

Mais alors puisque cette hypothèse n'est qu'une extension de celle que nous avons étudiée, il semble de toute logique de compléter la réforme et, de même que le *dominus* peut poursuivre le tiers qui a promis quelque chose à son fils ou à son esclave, ne convient-il pas de décider qu'il en sera de même dans notre espèce, et que par conséquent, dans tous les cas de mandat commercial, le préposant aura une action contre les débiteurs du préposé.

Les Romains n'ont pas été jusque-là ; ils n'ont point du moins généralisé cette théorie. C'est qu'elle se heurtait à leurs principes. Jamais le mandataire n'a représenté le mandant. Ce ne fut qu'exceptionnellement qu'il en fut ainsi. Sans doute ici le cas est différent ; nous nous trouvons déjà en dehors du droit puisque la représentation au point de vue passif est admise. Mais d'un autre côté, le préposant n'est pas dénué d'action ; il a contre le préposé l'action *mandati* ou *negotiorum gestorum directa*.

Ce que nous venons de dire semble du moins la pensée de la majorité des jurisconsultes. Papinien qui s'occupa tant de l'extension des actions *institoria* et *exercitoria* est formellement de cet avis (Loi 67, Dig. de *procur et defens*, liv. 3, 3. — Loi 19, pr. Dig. *de inst. act.*, liv. 14, 3). De même Paul (loi 45 pr. et § 5, Dig. *mand.* liv. 17, 1). Nous tenons pour isolée l'opinion de Marcellus qui ne voit aucun inconvénient à accorder une action contre ceux qui ont contracté avec le préposé (Loi 1 *in fine*. Dig. *de inst. act.*, liv. 14, 3).

Cependant il n'est pas douteux que dans certains cas il en fut ainsi. Des textes nous le disent positivement. Il est à remarquer toutefois que le préteur devra s'entourer de toutes les précautions nécessaires avant d'accorder cette action, il devra statuer *causa cognita*, après un examen spécial de l'affaire.

Il en sera ainsi nous dit Gaius (liv. 2 Dig. *de inst. act.* liv. 14, 3), lorsqu'on n'aura pas d'autre moyen de conserver sa chose. Revenant sur cette idée le même jurisconsulte nous cite un exemple dans la deuxième partie de la loi 5 Dig. *de stip. pret.* liv. 46, 5 : les créanciers du préposé procèdent à la vente en masse de ses biens ; il convient alors que le préteur vienne au secours du préposant. Ces deux

textes insistent sur la nécessité d'une *cognitio causæ*
préalable.

De même le *prefectus annonæ*[1] dans la limite de
ses fonctions put accorder une action toujours *causa
cognita*. Dans les provinces c'était le *præses* qui
remplaçait le *prefectus annonæ* (loi 1, § 18, Dig. *de
exercit. act.*, liv. 14, 1).

Il est probable que ces cas ne furent point uniques.
Une assimilation s'imposait entre le mandat commercial et le mandat ordinaire, mais nous croyons
qu'il fut toujours nécessaire pour le préteur de procéder à un examen spécial de l'affaire avant de
délivrer la formule d'action.

C. *Mandat ordinaire.* — Nous venons de voir
comment l'action *institoria* donnée d'abord contre
le maître quand le préposé était sous sa puissance
fut délivrée contre le mandant quand il avait insti-
tué comme préposé commercial soit un esclave d'autrui, soit un homme libre.

Il était logique de ne pas restreindre cette décision aux seules opérations commerciales, et de faire
de même lorsque le préposé avait été chargé de faire
pour le compte du préposant un ou plusieurs actes ne
présentant pas le caractère d'actes de commerce.

---

[1] Le *prefectus annonæ* était un magistrat chargé de la police
des marchés. (Tacite, *An.*, 17).

Tout le monde reconnaît que c'est Papinien qui a réalisé cette réforme ; il permit au tiers devenu créancier d'agir contre le mandant *ad exemplum institoriæ actionis* au moyen d'une action utile qu'il appela *quasi institoria*. (Loi 19, pr. Dig., *de inst. act.*, liv. 14, 3.)

Cette réforme en amenait nécessairement une autre. De même que nous avons vu, en matière commerciale, le mandant pouvoir, dans certains cas, et sous des conditions déterminées, exercer une action contre le tiers, par voie de conséquence on était amené à étendre cette solution au mandat ordinaire.

Si nous lisons la loi 5, Dig. *de Stip. pret.*, liv. 46, 5 dans sa première partie, nous voyons que le jurisconsulte Gaius expose cette solution comme admise de son temps. Or, ce fragment est emprunté au commentaire sur l'Edit provincial. Cet ouvrage est un des premiers composé par le jurisconsulte. Il nous le déclare positivement dans ses Instituts (Com. 3, 33). En tous cas, quoiqu'on ait peu de renseignements sur la biographie de Gaius, il paraît certain que ce commentaire sur l'Edit ait été écrit antérieurement à tous les traités de Papinien.

De cette constatation nous tirons cette conséquence c'est que, même avant Papinien, on avait étendu l'application de l'action *institoria* au cas où le mandat n'était pas commercial. On ne peut guère concevoir, en effet, qu'une action soit donnée au mandant contre le tiers, si, antérieurement, on n'a déjà accordé une action au tiers contre le mandant. La déduction en sens inverse semble impossible à soutenir.

Malgré cela nous croyons que c'est bien Papinien qui est l'auteur de la réforme, les textes du Digeste sont positifs à cet égard. De plus, il ne faut pas oublier que le texte de Gaius vise les stipulations prétoriennes [1]. La décision du jurisconsulte se borne à cette matière. Il n'est pas étonnant, d'ailleurs, qu'il en soit ainsi. Le magistrat avait des pouvoirs beaucoup plus considérables d'interprétation. Il examinait spécialement l'affaire, et, pour éviter tous les inconvénients de l'action *mandati*, il donnait au mandant une action contre le tiers.

Il est à remarquer que cette action n'est accordée que *causa cognita*. En a-t-il été toujours ainsi, même après Papinien ?

On a soutenu la négative ; on a prétendu que, dans tous les cas, le mandant pouvait agir au moyen d'une action utile. A l'appui de ce système, on invoque plusieurs textes.

[1] La loi 1 § 3, *De oper. nov. nunt.*, liv. 39, 1 donne la même solution pour la stipulation prétorienne de dénonciation de nouvelle œuvre.

D'abord la loi 79, Dig. *de verb. oblig.*, liv. 45, 1. Nous l'avons déjà citée. Mais il suffit de la lire pour voir qu'il s'agit ici du *procurator præsentis*. Le mandat est certain ; il n'y a aucun inconvénient à donner l'action au mandant sans entrer dans l'examen de l'affaire.

On cite également un texte d'Ulpien au Digeste, rapportant l'opinion de Papinien (loi 13, § 25, Dig. *de act. empt.*, liv. 19, 1). Un *procurator* a vendu une chose appartenant au *dominus* et il a fourni caution à l'acheteur. De même que ce dernier pourra intenter une action utile contre le maître, *ad exemplum institoriæ actionis*, de même le maître pourra agir en vertu de la vente contre l'acheteur. Or, le jurisconsulte déclare qu'il n'en sera ainsi que si le mandat de vendre la chose n'est pas douteux : « *Si modo rem vendendam mandavit.* »

Quelle personne aura à se rendre compte des pouvoirs du *procurator* à cet égard, si ce n'est celle qui délivrera l'action contre le tiers. Le magistrat ne devra même faire droit à la prétention du demandeur que lorsqu'il aura soigneusement vérifié l'existence et l'objet du mandat. C'est en cela que consistera sa *causæ cognitio*.

L'examen spécial de l'affaire pourrait encore avoir un autre but. Il ne faut pas oublier que, malgré tous ces progrès, l'ancienne théorie du mandat subsiste

toujours. C'est toujours dans la personne du mandataire que se réalisent les effets du contrat. Il serait
profondément injuste d'accorder au mandant le
bénéfice de l'acte passé par le mandataire, si ce dernier pouvait encore être poursuivi par le tiers au
sujet du même contrat et en raison du mandat. Si le
mandant peut poursuivre, le mandataire doit être
complètement déchargé. C'est l'équité qui le veut.
Or, les Romains, nous l'avons dit, ont toujours considéré le mandataire comme seul créancier et comme
seul obligé. Voilà leur principe. L'office du magistrat consistera, avant la délivrance de la formule
d'action, à s'assurer que le mandataire n'aura rien à
craindre du tiers. Il en sera ainsi, par exemple, si
l'on se trouve en présence d'un contrat unilatéral.
Dans les autres cas, nous croyons que le préteur
pourra contraindre le mandant à promettre au mandataire qu'il prendra fait et cause pour lui s'il vient
à être poursuivi. Faute pour le mandant de faire
cette promesse, le magistrat lui refusera le bénéfice
de la formule d'action.

Nous croyons qu'il en fut toujours ainsi en droit
romain, même sous Justinien. Cependant, on a
prétendu que, sous cet empereur, la rigueur des
principes a été atténuée. Là-dessus, Savigny a bâti
une théorie ; il soutient que, dans les contrats non
solennels, la représentation est parfaite. Ce serait là

évidemment une réforme grosse de conséquences, puisque les contrats non solennels sont de plus en plus nombreux.

Le premier argument invoqué en faveur de ce système consiste dans l'extension de la théorie du *nuntius* à tous les cas de mandat. En effet, le *nuntius* représente certainement celui qui l'a envoyé. Mais il y a une grande différence entre le *nuntius*, qui n'est qu'un porte-parole, et le mandataire, qui, lui, a des pouvoirs beaucoup plus étendus ; c'est lui qui traite directement avec le tiers, qui peut discuter le prix de l'acquisition qu'il fait pour le mandant ; le *nunlius* n'a qu'un rôle purement passif, il répète au tiers ce qu'on lui a dit, sa mission s'arrête là ; *epistolam loquitur*, disent les textes.

Le deuxième argument qui semble plus sérieux est tiré d'un texte de Modestin (loi 53, Dig. *de adq. rer dom.* liv. 41, 1). Le jurisconsulte distingue les acquisitions du droit civil et celles du droit naturel. Les premières ne peuvent être acquises que par les personnes soumises à notre puissance. Quant aux deuxièmes, l'intervention d'une personne quelconque peut nous les faire acquérir.

Il faut remarquer que ce texte est isolé. Tous les autres jurisconsultes professent une opinion contraire ; et il est même probable qu'il n'est pas de Modestin.

Cependant l'idée d'une représentation complète n'est pas, croyons-nous, restée complètement étrangère au droit Romain. La loi 9 § 8, Dig. de *rebus creditis*, liv. 12, 1 suppose qu'une personne charge un mandataire de prêter en son nom de l'argent à un tiers ; le jurisconsulte décide qu'il n'y a pas lieu de distinguer si l'argent appartient au mandant ou au mandataire ; dans tous les cas le mandant aura une action contre l'emprunteur ; le mandataire est mis hors de cause.

D'ailleurs il semble qu'en matière de *mutuum* des règles spéciales aient été introduites. Il faut rapprocher de cette décision la loi 15, *eod. tit.* C'est un fragment emprunté au juriconsulte Ulpien. Un prêteur, au lieu de remettre lui-même ses écus à l'emprunteur, donne l'ordre à un de ses débiteurs personnels de payer ce qu'il doit, non pas à lui mais à l'emprunteur.

Les principes s'opposent à ce qu'il y ait *mutuum* ; il n'y a pas eu *mutui datio* au sens propre du mot.

Les jurisconsultes semblent d'ailleurs fort embarrassés pour expliquer ce résultat. Africain valide l'opération comme *mutuum* par idée de bienveillance. Ulpien voit là un cas de tradition *brevi manu*. Peut-être serait-il plus simple de voir là une application de l'acquisition de la possession par autrui. Le débiteur paie au tiers emprunteur avec l'intention de

faire acquérir la possession des deniers à son créancier.

§ III. *Gestion d'affaires*. — Une personne admi-
nistre de sa propre volonté les affaires d'autrui, sans
qu'on l'en ait chargée, voilà une gestion d'affaires.
Pas plus en cette matière que pour le mandat les
Romains n'ont connu le principe de la représentation, ce ne peut être donc qu'exceptionnellement que
le gérant fasse acquérir au géré un droit direct à la
chose due.

Il est d'abord un cas où il en sera quelquefois
ainsi. Le géré a ratifié les actes du gérant, il semble
bien, quoique les jurisconsultes aient été divisés sur
la matière (Loi 60, Dig. *de reg. jur.*, liv. 17. — Loi
9, Dig. *de negot. gest.*, liv. 3, 5) que la gestion déjà
accomplie produirait les mêmes effets que le mandat.
Les règles que nous avons étudiées au paragraphe
précédent s'appliqueront.

En dehors de cette hypothèse nous trouvons très
peu de renseignements sur la question.

Cependant un point qui paraît à peu près certain
c'est que le géré était représenté au point de vue
passif en matière commerciale.

La loi 1 § 5, Dig. *de exercit. act.*, liv. 14, 1, prévoit
le cas où un *magister navis* s'est substitué quelqu'un
à l'insu ou même contre le gré de l'*exercitor*. Le

substitué est évidemment un gérant d'affaire : l'action *exercitoria* sera donnée aux tiers qui ont contracté avec le substitué contre l'*exercitor*.

Il n'y a pas de raison pour que la solution ne soit pas étendue au cas où un *institor* se substitue quelqu'un à l'insu ou malgré le *dominus*. Si le *dominus* avait eu connaissance de cette substitution, aucun doute ne serait possible à cet égard.

Aucun texte ne parle de la représentation au point de vue actif. Cependant, il nous semble difficile de ne point admettre dans les deux hypothèses que nous venons d'examiner l'*exercitor* ou le *dominus* à exercer une action contre les tiers avec lesquels le substitué aura contracté. C'est la contre-partie équitable de la représentation passive. Nous croyons que, de même que pour le mandat, le préteur ne délivrera la formule d'action qu'après un examen spécial de l'affaire.

Dans un ordre d'idée un peu différent, il est un cas prévu par les textes, où la *negotiorum gestio* a certainement servi à valider une stipulation pour autrui. C'est en matière de contrat de transport (loi 5, Dig. *de negot. gest.*, liv. 3, 5). L'expéditeur fait promettre au voiturier de remettre au destinataire la chose expédiée. Nous trouvons là tous les éléments d'une stipulation pour autrui. Les Romains considèrent le voiturier comme *negotiorum gestor* du destinataire, et alors, puisque, d'après les principes, c'est la personne du gérant qui est prise en considération, le destinataire pourra intenter contre lui l'action *negotiorum gestorum directa*. En s'engageant à transporter la chose expédiée, le voiturier a fait l'affaire du destinataire, il n'y a pas d'inconvénient à accorder une action à ce dernier.

Les jurisconsultes modernes ont appelé cette hypothèse remarquable, la *negotiorum gestio* du tiers contractant.

Nous avons rattaché le contrat de transport à la *negotiorum gestio* parce qu'à la vérité, c'est bien cette notion qui sert, dans ce cas, à tourner la prohibition des stipulations pour autrui, mais il nous semble évident que nous sommes ici en dehors de toute idée de représentation. Le représentant sert à faire acquérir au représenté une action contre une troisième personne ; ici l'action sera dirigée contre le représentant lui-même. Il vaut mieux voir là un des rares cas de contrat en faveur de tiers que les Romains ont admis pour la simplification des rapports juridiques, sans se douter qu'ils portaient une grave atteinte à leurs principes, et dont d'ailleurs ils n'ont jamais fait de théorie générale.

§ IV. *De l'acquisition de la possession par autrui.* — Nous nous sommes placés uniquement jusque-là au point de vue de l'acquisition d'un droit de créance au profit d'une personne par l'intermédiaire d'un représentant. Nous avons vu que ceci ne pouvait avoir lieu qu'exceptionnellement. En est-il de même pour l'acquisition des droits réels ?

Primitivement un citoyen ne peut acquérir que par l'intermédiaire des personnes qu'il a en sa puissance. Mais s'il donne mandat à un autre citoyen d'acquérir pour lui la propriété d'une chose, ce dernier qui reçoit tradition ou mancipation sera propriétaire, bien qu'il ait eu l'intention d'acquérir pour le compte du mandant. *Nihil per extraneam personam adquiri potest.*

Cette théorie se modifia d'abord pour la possession. La possession comprend deux éléments : un élément matériel, le *corpus,* et un élément intentionnel qui consiste dans la volonté de posséder pour soi, c'est l'*animus.* Il semble que l'on ait toujours pu acquérir la possession par le fait d'un tiers pourvu toutefois qu'on ait un *animus* personnel. La dérogation consista à permettre de devenir possesseur par un mandataire et sans qu'on ait été averti de la prise de possession. Les Institutes nous disent (liv. 2, 9) que c'est un rescrit de Septime Sévère qui consacra cette réforme. Cependant déjà au IIe siècle Neratius nous déclare que cette doctrine était presque généralement admise. Mais Gaius dit que c'était encore controversé de son temps. Le texte des Instituts ajoute que, par la tradition qui aura été faite au mandataire à l'insu du *dominus*, ce dernier pourra acquérir la propriété immédiatement si c'est une chose *nec mancipi* qui a été livrée par le véritable propriétaire ; sinon la propriété sera acquise par usucapion, mais cette dernière ne commencera que du jour où le mandant aura appris la tradition qui a été faite, car il lui faut la bonne foi, et il ne pourra en être ainsi que s'il a connaissance de sa qualité de possesseur. Sous Justinien la distinction des *res mancipi et nec mancipi* a disparu. L'usucapion ne recevra son application que lorsque la tradition aura été faite par un *non dominus*.

Quelles sont les *personæ extraneæ* qui peuvent acquérir pour le compte d'autrui ?

Ce sont d'abord les mandataires ; le texte des Instituts le dit positivement.

Ensuite les tuteurs et les curateurs (L. 13, § 1, Dig. *de adq. rer dom.* liv. 41, 1. Loi 1, § 20, Dig. *de adq. vel amet pos.*, liv. 41, 2).

La question semble plus controversée pour les administrateurs de cités (Loi 1, § 22. Dig. *eod. tit.*).

L'esclave d'autrui, qu'il soit ou non possédé par moi, me fait acquérir la possession pourvu toutefois qu'il la reçoive en mon nom (Loi 34, § 2, *eod. tit.*).

Mais le gérant d'affaire ne peut jamais faire acquérir la possession au géré à l'insu de ce dernier. La loi 42, § 1, Dig. *eod. tit.* nous le dit en propres termes. Il faut deux conditions pour qu'un gérant d'affaire puisse faire naître dans la personne du géré le droit à la possession. Il faut que le géré ait connaissance de la prise de possession et qu'il l'ait ratifiée. On voit donc que Justinien fait bien de reproduire la règle *nihil per extraneam personam adquiritur* et qu'il ne la conserve pas seulement par habitude et par respect du passé.

Cet empereur a étendu cette théorie non seulement à l'acquisition de la possession et de la propriété, mais encore à celle de tous les droits réels, même du droit réel d'hypothèque.

Des quelques cas de Contrat en faveur de tiers en droit romain.

Le contrat en faveur de tiers constitue une opposition directe et complète à la règle *nemo alteri stipulari potest.* Là, en effet, non seulement le tiers pourra réclamer au promettant l'objet de sa promesse, mais encore le stipulant pourra contraindre le débiteur à exécuter son engagement. Dans notre droit actuel, où la théorie du contrat en faveur de tiers a été fortement étudiée, il semble à première

vue facile de distinguer ce contrat de celui qui se
forme par représentation ; il n'en est certes pas de
même en droit romain. Les nécessités commerciales
ont contraint les jurisconsultes à reconnaître et à
sanctionner des décisions contraires à la prohibition
des stipulations pour autrui, mais ils se sont bien
gardés d'établir une théorie générale. Nous sommes
donc réduits à recueillir çà et là dans les textes les
divers cas qui constituent des exceptions aux règles
établies ; à propos de ces cas, nous nous demanderons si nous nous trouvons en présence d'un contrat
en faveur de tiers ou d'un contrat par représentant.
Quel sera le critérium distinctif ? Nous aurons à revenir en détail sur cette question dans notre étude du
droit français.

Nous croyons que là aussi il faut se poser la question suivante : Se trouve-t-on oui ou non en présence
de l'idée de gestion d'affaires ou de représentation
en général ? La solution est certainement plus facile
à trouver ainsi que s'il fallait débrouiller les rapports plus complexes du stipulant et du promettant
qui caractérisent le contrat en faveur de tiers.

Comme pour la représentation, nous diviserons
notre étude en plusieurs paragraphes.

§ Ier. — La vente va nous fournir deux cas remar-
quables de contrat en faveur de tiers.

L'un nous est exposé dans la loi 13 pr. et § I D *de pignerat act. vel contra,* liv. 13, 7. Le jurisconsulte suppose qu'un créancier a vendu, alors qu'il en a le droit, une chose qui lui avait été donnée en gage, puis il convient avec son acheteur que le débiteur pourra rentrer en possession de la chose donnée par lui en gage en remboursant à ce dernier le prix qu'il l'a payée. Nous ne pensons pas, comme le font certains auteurs, qu'il y ait lieu de distinguer si le créancier gagiste avait oui ou non fait cette convention, parce qu'il s'y était engagé lors de la constitution du gage. Le texte ne fait aucune distinction. Il n'exige qu'une seule condition, c'est que le créancier puisse vendre, et pour qu'il en soit ainsi, il était seulement nécessaire à cette époque que la dette fût exigible.

Revenant à notre hypothèse, le jurisconsulte déclare que le débiteur pourra, au moyen de l'action *pigneraticia,* exiger du créancier la cession de l'action *ex vendito* contre l'acheteur. C'est là le droit commun et, en effet, la convention entre le vendeur et l'acheteur a été faite dans un pacte adjoint *in continenti,* et comme la vente est un contrat de bonne foi, ce pacte fait corps avec le contrat « *inest contractui* ».

Mais, ajoute le texte, une action directe *in factum* sera accordée au débiteur pour forcer l'acheteur à exécuter sa promesse.

Nous nous trouvons bien ici en présence d'un contrat en faveur de tiers. Il ne peut être question de représentation, mais, de plus, en dehors de l'action *in factum* accordée au débiteur, l'action *ex vendito*, cédée par le créancier, pouvait arriver au même résultat; c'est donc que le créancier pouvait, au moyen de l'action *ex vendito*, poursuivre l'exécution de la convention en faveur du débiteur. Nous sommes donc là en présence d'un double rapport juridique qui n'existe pas dans les contrats par représentant.

Un autre exemple nous est fourni par la fameuse loi *emptorem* (loi 9, Code, *de locat.*, liv. 4, 65).

En droit romain, si le propriétaire locateur vient à aliéner la chose louée, le locataire ne pourra pas se prévaloir de son bail vis-à-vis de l'acquéreur, l'acheteur ne succède pas aux obligations du vendeur. L'art. 1743 du Code civil présente un système opposé; on a voulu en conclure, à tort croyons-nous, que le locataire était armé d'un droit réel opposable à tout acquéreur de la chose louée.

Donc, dans l'hypothèse qui nous occupe, le locataire peut être expulsé. Il pourra néanmoins se retourner contre le vendeur et lui réclamer des dommages et intérêts pour le préjudice qu'il subit. (Loi 25, § 1, *locati conducti*, liv. 19, 2). Aussi, une clause pénale était-elle insérée dans presque toutes les ventes lorsque la chose vendue avait été louée précédemment par le vendeur. L'acheteur s'engageait à payer au vendeur une somme déterminée s'il expulsait le locataire.

Donc si le bailleur était actionné pour ne pas avoir rempli ses obligations, il pouvait se retourner contre l'acquéreur obligé en vertu de cette *stipulatio penæ*.

Cette façon de procéder était très compliquée. Le vendeur était au fond un intermédiaire inutile puisque le but que l'on se proposait était uniquement de désintéresser le locataire dans la mesure de la perte subie par lui. Aussi, dans le dernier état du droit, si une clause a été insérée dans la vente, le locataire expulsé pourra s'en prévaloir et actionner directement l'acheteur qui a promis de respecter le bail consenti par son vendeur. La loi *emptorem* nous le dit positivement. En principe l'acquéreur n'est pas tenu de conserver le *colonus, nisi ea lege emit,* ajoute la loi.

Nous trouvons-nous ici en présence d'une gestion d'affaires de la part du bailleur? Evidemment non. Le représentant en général est celui qui fait l'affaire d'autrui sans y avoir intérêt ; or ici l'intérêt du vendeur n'est pas discutable. S'il a fait insérer une clause dans le contrat de vente, c'est uniquement pour décharger sa responsabilité, pour ne plus être passible des poursuites du locataire. C'est donc bien là encore un contrat en faveur de tiers.

§2. — Un texte (loi 8. Code *ad exhibendum*, liv. 3, 42) formule une règle spéciale en matière de dépôt et de commodat. C'est une constitution de Dioclétien et de Maximien. On peut la diviser en trois parties visant trois hypothèses différentes.

Une personne donne en commodat à une autre des choses qui ne lui appartiennent pas. Il est certain que dans ce cas le propriétaire aura toujours contre le commodataire l'action *ad exhibendum* et la revendication. Il en sera autrement si une personne donne en commodat des choses qui lui appartiennent et convient avec le commodataire que la restitution sera effectuée au profit d'un tiers. Notre texte fait alors une double distinction.

Si le commodant recueille la succession du tiers juré *hereditario*, le droit civil lui permet d'exercer contre le commodataire l'action née du contrat.

Il en sera autrement si, pour aucun motif, la succession du tiers n'est recueillie par le commodant; le pacte peut rester sans effet, c'est un pacte adjoint *ex intervallo*, il ne donnera pas d'action; et cependant dans ce cas *propter æquitatis rationem* une action utile sera donnée au tiers au profit duquel la restitution a été convenue.

Là non plus il ne peut être question de *negotiorum gestio*. Il est à remarquer que si le commodant a stipulé la restitution en faveur du tiers, c'est qu'il est débiteur personnel de ce tiers; or, un débiteur ne peut pas être considéré comme représentant son créancier et comme faisant son affaire lorsqu'il paie ce qu'il doit.

On a voulu voir là une *negotiorum gestio* du tiers contractant. Nous nous sommes déjà expliqués à ce sujet, nous avons montré que ce cas de *negotiorum gestio* constituait un contrat en faveur de tiers. Et de plus, il faut remarquer que le texte donne au tiers l'action utile née du contrat et non pas l'action *negotiorum gestorum directa*.

§ III. — Une donation est souvent faite avec charges imposées au donataire par le donateur, on dit qu'elle est *sub modo*. Qu'arrive-t-il si le donataire n'exécute pas les charges dont il est grevé? Il est certain que de tout temps le donateur eut le droit de résoudre la donation; pendant longtemps même il n'eut que ce droit-là; il pouvait alors réclamer sa chose non pas par la revendication, car il a cessé d'être propriétaire et la propriété ne se transfère pas *ad tempus*, mais par la *condictio ob rem dati*.

Mais il lui était impossible de contraindre le donataire à exécuter ce qu'il avait promis de faire. La *stipulatio pœnæ* fournit un moyen indirect d'arriver à ce résultat.

Quand la théorie des contrats innominés eut

atteint son complet développement, on considéra la donation *sub modo* comme un *negotium do ut facias*. Le donateur pouvait donc intenter contre le donataire l'action *præscriptis verbis*. Du moins, les choses pourront se passer souvent ainsi. Pour que cette action soit exercée, il faudra que le donateur ait un intérêt appréciable en argent à l'exécution de la charge. Néanmoins, il est certain que, dans un état assez avancé du droit, le donateur eut, dans tous les cas, une action contre le donataire pour le contraindre à remplir son engagement. Les empereurs Dioclétien et Maximien complétèrent la réforme. La loi 3, C. de *donat q. sub modo*. liv. 8, 54, suppose qu'une donation a été faite avec charge de restitution dans un temps déterminé à une tierce personne. Une action sera accordée au tiers bénéficiaire contre le donataire.

On a prétendu que ce droit accordé au tiers ne constituait point un droit direct, mais que tous ses pouvoirs consistaient à s'adresser au donateur pour se faire céder de lui *condictio ob rem dati*.

Mais si l'on agit ainsi, on arrivera souvent à un résultat contraire à la volonté des parties. Par la *condictio ob rem dati*, le tiers se fera restituer la totalité de la donation. Or, le plus souvent, la charge imposée sera de faible importance, ou tout au moins inférieure à la valeur de la chose donnée.

D'autres auteurs voient là une cession de l'action *præscriptis verbis*, mais nous avons dit qu'il pouvait très bien se faire que le donateur lui-même n'ait point cette action, et alors comment la céderait-il?

Il n'y a pas hésiter ; nous nous trouvons bien en présence d'un contrat en faveur de tiers, avec ces deux principaux éléments : droit pour l'un des contractants d'exiger l'exécution de la promesse et droit direct du tiers à cette exécution.

§ IV. — Le cas que nous allons examiner est beaucoup plus délicat. Il s'agit de savoir si, en matière de constitution de dot et lorsque la restitution aura été stipulée au profit d'un tiers, ce dernier pourra se prévaloir d'une semblable stipulation.

Sous Justinien, il est certain que, dans quelques cas très rares, une action fut accordée au tiers lorsqu'une convention de restitution était intervenue en sa faveur entre le constituant et le mari. Encore faut-il que ce tiers soit un très proche parent du constituant ou qu'il ait tout au moins pour lui une grande affection. Il me semble difficile d'affirmer que Justinien ait sanctionné un pacte de restitution lorsque le bénéficiaire était complètement étranger à la famille du constituant. L'empereur nous le déclare implicitement lorsqu'il dit que les cas permis par lui n'ont été autorisés que « *favore nuptiarum et maxime propter affectionem personarum* ».

La question controversée, c'est de savoir si c'est Justinien qui a innové sur ce point. Beaucoup d'auteurs prétendent qu'avant lui déjà, le droit du tiers avait été reconnu. A l'appui de ce système, on invoque plusieurs textes. D'abord un texte de Pomponius, la loi 9, Dig. *de pact. dotal.*, liv. 23, 4. Un père constitue une dot à sa fille et il en stipule la restitution à son profit si sa fille vient à mourir, au profit de son fils si lui-même est mort; enfin, pour le cas où ce dernier serait défunt, au profit de son héritier. Pomponius nous déclare qu'une stipulation de ce genre n'est pas inutile.

Mais il n'y a rien qui puisse nous étonner. La déclaration de Pomponius n'était point nécessaire, car c'est le droit commun qu'il applique. Lorsqu'une stipulation quelconque a été faite, l'action *ex stipulatu* passe de plein droit aux héritiers du stipulant; ce n'est donc que l'application de ce principe qui est développée dans cette stipulation. Je sais bien qu'à l'époque classique, on ne pouvait pas stipuler pour ses héritiers sans stipuler en même temps pour soi-même; la stipulation *heredi meo dare spondes?* n'était pas valable, il n'en est pas de même de celle-ci : « *Mihi vel heredi meo dare spondes?* » C'est exactement cette stipulation qui est visée dans notre texte.

Il n'y a donc pas là d'exception à la règle générale.

On invoque ensuite un texte de Paul.

Un aïeul maternel Caius Seius a constitué une dot au profit de Seia, sa petite-fille. Il convient qu'en cas de divorce sans la faute de Seia, la dot lui sera rendue ou à Seia. L'aïeul meurt et Seia divorce sans sa faute. L'héritier de l'aïeul aura seul une action contre le mari, la stipulation faite au profit de Seia est inutile. Néanmoins le mari pourra se libérer en payant entre les mains de Seia, qui sera considérée comme *adjecta solutionis gratia*.

Cette interprétation est conforme à l'exemple donné. La stipulation est ainsi conçue *mihi ant* Seia *dare spondes?* Seia a seulement qualité pour recevoir le paiement, elle ne peut pas poursuivre le débiteur, ni pareillement lui faire une remise de dette. Le stipulant est seul créancier. C'est pourquoi l'*adjectus* peut être une personne incapable ; des textes nous le déclarent (L. 9, pr. D. *de solut.* liv. 46, 3), c'est le cas de Seia.

Dans une seconde partie, le jurisconsulte vient donner une action à Seia contre son mari. C'est là une exception complète aux principes.

Nous croyons que cette dernière phrase est due à une interpolation des compilateurs de Justinien. Il est à remarquer que les deux solutions données par

Paul sont en complète opposition et que le jurisconsulte ne prend pas le soin de les opposer. Paul n'a
jamais eu l'intention de formuler une règle dans la
première partie et une exemption à cette règle dans
la seconde. Au contraire il semble indiquer la première partie comme visant une hypothèse spéciale
et une solution contraire à une règle précédemment
établie. En effet, la loi commence par le mot *sed*. Le
second membre de phrase commence aussi par le
mot *sed.*, et cela est tout au moins surprenant de
la part d'un écrivain aussi correct.

D'ailleurs même parmi les auteurs qui prétendent
trouver avant Justinien des cas de contrats en faveur
de tiers dans les stipulations de restitution de dot, il
y en a qui admettent l'interpolation de ce texte.

Enfin l'on se fonde sur un texte de Dioclétien et de
Maximien, la loi 7, Code *de pactis conventis*, liv. 5, 14.

Un constituant quelconque, le texte ne fait pas de
distinction, stipule du mari que la dot sera restituable aux enfants à naître du mariage ; ces derniers
auront une action directe contre le promettant pour
le contraindre à exécuter sa promesse.

Le texte paraît également interpolé. Un argument
historique le prouve. Notre constitution est datée du
14 des calendes de janvier 294. D'un autre côté le 6
du même mois nous trouvons une constitution par
laquelle les empereurs refusent une action à un

étranger au profit duquel une dot avait été stipulée restituable. Il y a une analogie très grande entre cette hypothèse et la précédente, d'autant plus, nous l'avons dit, que le texte ne distingue pas ; la dot a très bien pu être constituée par un *extraneus*. Comment admettre que, dans deux cas si semblables, les empereurs aient donné à huit jours d'intervalle des solutions différentes ?

Et de plus quelle serait l'utilité d'une pareille stipulation ?

Sous Dioclétien la théorie des pécules et des *bona adventitia* n'est point encore apparue. Le fils de famille, à l'exception du pécule *castrense* ne peut avoir rien en propre. Comment le préteur pourrait-il lui accorder une action contre son père pour réclamer une chose dont il lui serait impossible de se servir et dont le *paterfamilias* ne cesserait point d'être propriétaire ?

C'est là un cercle vicieux duquel on ne sortira pas.

Sous Justinien, au contraire, tout s'explique. La théorie des *bona adventitia* a atteint son complet développement. Le fils est nu propriétaire de presque toutes ses acquisitions. On conçoit alors qu'il ait intérêt à demander à son profit la restitution de la dot.

Nous tenons donc pour démontré que c'est Justinien le premier qui a sanctionné des cas de stipulation de restitution de dot en faveur d'un tiers. Il ne faut point oublier que ce tiers doit néanmoins présenter certaines garanties. Un étranger quelconque ne pourra pas se prévaloir d'une semblable convention. L'empereur a toujours voulu limiter les exceptions à la règle et n'accorder d'action que pour favoriser les mariages ou bien en raison de l'affection certaine du constituant pour le bénéficiaire « *maxime propter affectionem personarum* ».

Nous venons de voir comment ont pu prendre naissance en droit romain des cas de contrat par représentant ou en faveur de tiers. A la vérité, les exemples que nous avons fournis ne se rattachent par aucun lien entre eux. Ces exceptions à la règle établie ne furent point coordonnées entre elles de façon à constituer une théorie générale qui eut pu se développer et s'ériger en règle à son tour. Il est donc intéressant de rechercher quel fut par la suite le sort de ces quelques épaves. Les auteurs voulurent-ils élargir la théorie à peine ébauchée par les jurisconsultes romains ou, au contraire, la restreindre ? Nous verrons que les glossateurs et les commentateurs se sont peu préoccupés de la question. Nous ne croyons pas qu'ils aient eu l'idée d'appliquer la notion de gestion d'affaires à la validation des stipulations pour autrui. Quant au contrat en faveur de tiers, ils semblent l'avoir complètement ignoré. Le droit canon ne fit guère avancer la question, mais par un moyen détourné, il porta une rude atteinte au principe de la nullité des stipulations pour autrui.

Enfin, continuant notre étude, nous verrons comment la vraie théorie romaine, ignorée de nos très anciens auteurs, fut successivement reprise et développée par Cujas, Donneau et surtout Pothier.

Les Glossateurs et les Commentateurs.

Les glossateurs et après eux les commentateurs, ont étudié en détail la stipulation, d'un autre côté, ils ont cherché à découvrir la véritable théorie romaine sur la *negotiorum gestio*, mais ils semblent ignorer complètement le contrat par représentant, en tous cas, ils n'ont jamais cherché à faire un rapprochement quelconque entre ce contrat et la stipulation pour autrui.

La formule de la stipulation fit surtout l'objet de leurs études. Ils semblent, d'ailleurs, en cette matière, faire retour en arrière. Nous avons vu que dans le dernier état du droit la volonté des parties était prédominante. Au contraire, les glossateurs se préoccupèrent surtout des termes mêmes qui étaient employés. Partant de cette idée, ils distinguent dans toute stipulation les *verba obligativa* et les *verba executiva;* les *verba obligativa* s'analysent dans la formule *promittis mihi* et les *verba executiva* consistent dans l'objet même de la promesse : *Quod dabis Titio.*

Voilà bien une stipulation pour autrui : *promittis mihi quod dabis Titio.* Elle est nulle par application des principes. Cependant les glossateurs la validèrent comme obligation naturelle si le tiers bénéficiaire est présent. Il est certain que dans leur pensée la présence du tiers le dispense de se faire promettre à son tour du stipulant, ce que ce dernier aurait dû stipuler pour lui-même, pour que le contrat puisse produire ses effets selon la volonté des parties, c'est là, en effet, une idée toute romaine. Il n'y a pas intérêt, se disait-on, à valider directement des stipulations pour autrui, puisque l'on arrive au même résultat par le mécanisme de deux stipulations.

Je crois que cette théorie des glossateurs est complètement étrangère à l'idée de représentation. Le stipulant ainsi envisagé ne peut pas faire naître un bénéfice dans la personne du tiers malgré sa présence. On ne considère que les paroles employées et ces paroles s'opposent à ce qu'il en soit ainsi. Je penserais volontiers qu'il y a là un essai timide de contrat en faveur de tiers.

Le principe moderne de la représentation fait totalement défaut. La théorie romaine est reprise et développée avec cette différence toutefois, c'est que les commentateurs surtout cherchent à assimiler la *negotiorum gestio* et le mandat. La gestion d'affaires, disent-ils, repose sur un consentement fictif du géré et non point sur le fait même qui consiste à prendre en main les affaires d'autrui.

Evidemment, cette doctrine est absolument fausse. A Rome, comme de nos jours, la *negotiorum gestio* naît *ex re* et non *ex consensu ficto*. En dehors de cette considération il y a lieu de remarquer que l'assimilation entre le mandataire et le *negotiorum gestor* est une idée qui a fait son chemin et que les législateurs modernes s'en sont largement inspirés sans toutefois confondre ces deux institutions.

Enfin, un point non douteux mais sur lequel les commentateurs insistent peu, c'est que la stipulation pour autrui engendre une obligation naturelle.

Le droit canonique.

Là aussi le principe *nemo alteri stipulari potest* est nettement formulé. Une exception cependant fut ajoutée à la règle; elle concernait les personnes publiques, le *notarius* et le *sacerdos parochiales*. Il y a là, semble-t-il, une idée analogue à celle qui, en droit romain, a fait admettre la représentation en justice par le *cognitor* et le *procurator præsentis*.

Mais jamais la représentation ne fut admise d'une façon générale et, quant au contrat en faveur de tiers, il est totalement ignoré.

D'ailleurs, il y avait un motif pour lequel on n'avait pas cherché à valider une stipulation pour autrui, c'est que, le plus souvent, elle pouvait se valider d'elle-même sans qu'il soit besoin d'employer de moyen détourné.

La stipulation pour autrui engendrait une obligation naturelle; or, cette obligation avait été étudiée et sanctionnée d'une manière spéciale par les jurisconsultes de l'Eglise.

Toutes les fois qu'une obligation naturelle est confirmée par serment, elle donne naissance à une obligation civile.

La conclusion qui semble évidente c'est que, par la volonté des parties, le tiers pourra être armé d'une action contre le promettant.

Toutefois cette solution est des plus controversée. Le serment intervient entre le stipulant et le promettant, dès lors l'action naît seulement dans la personne du stipulant qui peut contraindre le promettant à exécuter sa promesse en faveur du tiers. Ce dernier n'a qu'un droit, c'est d'obtenir du stipulant la cession de son action. C'est la doctrine enseignée par Covarruvias (*Opera omnia, Venitiis 1588. Secunda partis Relect*, nᵒ 11).

D'un autre côté, Fachineus nous parlant de ce serment montre que le tiers absent est remplacé par Dieu. Puis il déclare que le tiers doit accepter le bénéfice qui vertira à son profit. La nécessité d'une acceptation semble bien faire pressentir l'existence d'un droit direct au profit-du tiers ; sans cela quelle en serait l'utilité ?

Nous penchons à croire qu'il en était ainsi, quoiqu'en cette matière on en soit réduit à de pures hypothèses, d'autant plus que le texte de Fachineus sur lequel on peut s'appuyer est unique et ne conclut en faveur d'aucun des deux systèmes.

Nos anciens auteurs.

Beaumanoir nous parle du mandat et de la gestion d'affaires qu'il appelle service avec mandement et service sans prière ni mandement (ch. 29, §§ 5 à 13). La théorie du mandat est identique à celle du mandat romain. Il n'y a pas de représentation ; l'auteur nous le fait voir au moyen d'un exemple ; la même théorie s'applique certainement à la gestion d'affaires quoique Beaumanoir soit muet sur ce point.

D'ailleurs la gestion d'affaires est presque laissée de côté. Il n'y a pas lieu de s'en étonner car « elle est moult périlleuse à ceux qui s'en entremettent ». La raison en est bien simple. La coutume de Beauvoisis refuse en effet une action au gérant pour se faire indemniser des dépenses qu'il a pu faire.

Enfin il est certain, d'après les exemples qu'il nous donne, que Beaumanoir n'a jamais vu toute l'utilité que l'on pouvait retirer de la gestion d'affaires.

Boutillier, très romaniste, continue la tradition; il est cependant tout disposé à encourager le gérant, qui après tout est un « faiseur de besogne ». Quant aux droits du géré il ne s'en occupe point.

Au fond, depuis le droit romain, aucun progrès n'avait été réalisé, bien au contraire. Les subtilités des glossateurs avaient eu pour résultat d'écarter la vraie doctrine. Il faut arriver au XVIᵉ siècle pour voir refleurir la véritable tradition.

C'est qu'à cette époque, les auteurs ne s'en tiennent plus au pur examen du texte, ils se renseignent sur les mœurs et sur la langue des Romains et mettent à leur profit toutes les données historiques qu'ils peuvent avoir.

Cujas dégage nettement le principe du droit romain. La stipulation pour autrui est nulle, parce que le stipulant n'a pas d'intérêt appréciable en argent à l'exécution de la promesse. Donc, toutes les fois que l'on pourra faire naître cet intérêt, la stipulation sera valable. Il en sera ainsi lorsqu'une clause pénale aura été insérée; le stipulant s'est fait promettre une somme déterminée, si le contrat n'est pas exécuté au profit du tiers.

En dehors de cette règle, Cujas montre que dans certains cas, on pourra valider des stipulations pour autrui. Une action utile sera accordée au tiers pour obtenir l'exécution de la promesse.

Mais alors, Cujas ne fait aucune distinction entre les cas de représentation et ceux de contrat en faveur de tiers. Après nous avoir parlé de la donation *sub modo*, il fait allusion aux stipulations du *procurator præsentis*.

Doneau a développé aussi la théorie romaine, mais, de même que Cujas, il ne distingue pas les contrats faits *proprio nomine et alieno nomine*.

Selon lui, un droit pourra naître au profit du tiers soit *recta via*, soit *obliqua via*.

On peut acquérir *recta via* par les personnes soumises à sa puissance.

On peut acquérir également *obliqua via*. Doneau nous cite alors tous les cas exceptionnels du droit romain sans aucune distinction ; cependant, il établit plus nettement que ne l'avait fait Cujas les conditions nécessaires pour qu'un droit soit accordé au tiers. (*Comment. juris civilis*, liv. 12, ch. 17, § 23).

L'introduction du principe général de la représentation devait amener des progrès considérables dans la matière qui nous occupe.

A quelle époque a-t-on décidé que le mandataire, ainsi que le gérant d'affaires, représenteraient dans tous les cas le mandant ou le géré ? Il est difficile de préciser. Des raisons sociales ont eu une grande influence sur cette transformation. C'est que, depuis le xvie siècle la société a subi des changements considérables. Les relations commerciales se sont développées. Le principe romain que les contrats ne peuvent prendre naissance que par le concours actuel et direct de deux volontés, a dû céder devant les nécessités pratiques.

Pothier nous explique avec de nombreux détails les droits réciproques du mandant et du tiers. (*Du mandat*, sect. II, nos 87 et suiv.). La distinction entre les contrats *proprio nomine* et *alieno nomine* apparaît clairement. « Lorsque le mandataire a fait quelques contrats avec les tiers, s'il n'est intervenu dans ces contrats qu'en qualité de mandataire, ou de procureur, ou de fondé de procuration d'un tel son mandant, c'est en ce cas le mandant qui est censé contracter par son ministère et qui s'oblige envers les personnes avec lesquelles son mandataire a contracté. » Il en est autrement quand le mandataire a contracté en son propre nom.

Parlant des stipulations pour autrui le jurisconsulte suit la tradition. Elles sont inutiles, le motif en est au défaut d'intérêt du stipulant. Partant de ce principe il va étudier certaines hypothèses dans lesquelles cet intérêt apparaîtra (*Traité des obligations*, nᵒˢ 58 et suiv.).

Nᵒ 58. « Ce n'est pas stipuler pour un autre mais pour moi, quoique je stipule qu'on fera quelque chose pour un tiers, si j'ai intérêt personnel et appréciable en argent que cela se fasse ; *puta*, si je suis obligé envers ce tiers à le faire. Par exemple, si m'étant obligé envers Jacques à lui reconstruire sa maison qui menaçait ruine et ayant d'autres ouvrages à faire, je fais marché avec un maçon, qu'il reconstruise dans le dit temps la maison de Jacques, je suis censé stipuler plutôt pour moi que pour Jacques et la convention est valable, car étant obligé envers Jacques à cette reconstruction et tenu de ses dommages-intérêts si elle ne se fait pas dans un temps marqué, j'ai un intérêt personnel qu'elle se fasse. C'est pourquoi, en stipulant qu'on reconstruise la maison de Jacques, ce n'est que *verbo tenus* en ce que je stipule pour Jacques, *re ipsa*, et à la vérité je stipule pour moi à mon profit : *si stipuler alii, cum mea interest, ait Marcellus, stipulationem valere,* L. 438, § 20, 21, 22, de *verb. ablog.* » Ceci est très clair et c'est bien là la vraie doctrine. Mais l'intérêt du stipulant peut encore naître autrement. Il suffit de le considérer comme gérant d'affaires du tiers. C'est ce que Pothier nous expose au n° 59 que nous transcrivons également en entier.

N° 59. « Quand même avant le marché que j'ai fait avec le maçon pour la reconstruction de la maison de Jacques, je n'aurais pas été obligé envers Jacques à lui reconstruire sa maison et que je n'aurais eu par conséquent aucun intérêt personnel à cette reconstruction, néanmoins, comme par ce marché que j'ai fait, je gère les affaires de Jacques et que je lui deviens en conséquence comptable de cette gestion dans le temps même de la convention que j'ai avec le maçon pour la construction de la maison, je commence à avoir intérêt à la reconstruction dont je suis comptable envers Jacques, d'où il suit que, même dans ce cas, je suis censé stipuler pour moi plutôt que pour Jacques et que la convention est valable puisque j'ai un intérêt personnel que le maçon fasse bien ce que j'ai stipulé qu'il fît.

A notre connaissance, c'est la première fois qu'un auteur déclare nettement que la gestion d'affaires peut valider une stipulation pour autrui. On a dit que Pothier était l'auteur de cette théorie. Nous n'irons point jusque-là. Nous avons vu qu'à Rome la notion de représentation en général a pu conduire à ce résultat de tourner la règle : *nemo alteri stipulari potest,* et

que, dans des cas très exceptionnels, il est vrai, la
notion plus restreinte de gestion d'affaires a pu amener les mêmes effets. Pothier n'est donc point un inno-
vateur. Mais il sut voir et dire franchement ce qui se
passait, alors que les jurisconsultes romains constatè-
rent simplement les effets sans remonter aux origines.
Pour eux, la règle qu'on ne peut stipuler pour autrui
est absolue; des exceptions directes peuvent exister;
elles sont mentionnées par les textes. Mais ils ne son-
gèrent jamais ou tout au moins ils n'osèrent jamais
dire qu'on pouvait valablement tourner la prohibition contenue dans une règle aussi fondamentale.

Il est à remarquer que Pothier n'abandonne pas
la théorie de l'intérêt du stipulant. La stipulation
n'est point validée comme gestion d'affaire, mais
seulement parce que le gérant a intérêt à ce que sa
gestion soit bien faite puisqu'il doit rendre compte.

Ceci étant posé, comme tout gérant doit rendre
compte, il semble que, dans tous les cas, naîtra l'intérêt du stipulant, et que l'on doive toujours valider
de la sorte une stipulation pour autrui.

Pothier n'a pas été aussi avant dans sa théorie. Il
nous dit n° 60 : « Mais si je stipule en mon nom
qu'on fasse quelque chose pour un tiers, sans qu'a-
vant le temps de la convention j'aie eu, et sans que
j'aie encore au temps de la convention, un intérêt
personnel que cela se fasse, c'est, en ce cas, vrai-

ment stipuler pour un autre, et une telle convention n'est point valable dans le for extérieur. Par exemple, si par pur intérêt d'affection pour Jacques j'ai convention avec le propriétaire de la maison qui est devant les fenêtres de Jacques qu'il fera blanchir le devant de sa maison pour éclaircir les chambres de Jacques, cette convention ne donnera aucun droit à Jacques qui n'y était pas partie, ni à moi qui n'ayant aucun intérêt personnel et appréciable à prix d'argent à l'exécution de cette convention, ne puis prétendre aucuns dommages et intérêts résultant de son inexécution. »

Les auteurs, qui après Pothier se sont ralliés à cette théorie de la gestion d'affaires appliquée aux stipulations pour autrui, lui ont beaucoup reproché cette dernière décision. Nous aurons à examiner dans le cours de notre seconde partie, si oui ou non Pothier a bien fait de se restreindre.

Mais, dès maintenant, la théorie qui fait l'objet de notre étude est nettement posée. Le stipulant, considéré comme gérant d'affaires, peut, tout au moins dans certains cas, faire naître une action dans la personne du tiers contre le promettant. Quand pourra-t-il être considéré comme gérant d'affaires ? Quelles seront les conditions pour que la notion de gestion d'affaires puisse tourner la prohibition des stipulations pour autrui ? Tel est le problème à résoudre.

DEUXIÈME PARTIE

Des conditions nécessaires pour qu'une stipulation pour autrui puisse être considérée comme gestion d'affaires.

CHAPITRE PREMIER

THÉORIE DE DEMOLOMBE.

Le Code civil ne prévoit aucuns rapprochements pouvant exister entre la stipulation pour autrui et la gestion d'affaires. Les deux notions sont étudiées séparément, et il n'est jamais venu à la pensée des rédacteurs du Code de mettre l'une au service de l'autre. Les travaux préliminaires sont absolument muets sur ce point.

Cependant la théorie ébauchée par Pothier ne devait pas en rester là. Elle fut reprise par Demolombe et par M. Labbé. Ces deux auteurs l'ont singulièrement développée, le premier en se plaçant au point de vue uniquement juridique ; le second, d'un esprit plus pratique, en appliquant la notion de gestion d'affaires au contrat d'assurances sur la vie au profit d'une tierce personne et à la théorie du remploi.

Demolombe [1] pose nettement la question : Quand est-ce qu'on pourra valider, comme acte de gestion d'affaires, la stipulation qu'une personne aurait faite pour un tiers ? Il faut distinguer trois hypothèses.

Et d'abord celle où le stipulant avait, avant le temps de la convention, un intérêt pécuniaire à ce que l'affaire du tiers fût bien gérée.

L'exemple donné par l'auteur est celui d'une personne exploitant comme gérant d'affaires la ferme d'un absent. La terre, une fois labourée et ensemencée, un bâtiment se trouve endommagé et il faut le réparer, le gérant stipule d'un maçon cette réparation.

De l'avis de tout le monde, cette stipulation est valable, mais pourquoi avoir été chercher la notion de gestion d'affaires pour la valider? Pothier qui prévoyait un cas analogue n'en avait pas besoin. Le jurisconsulte fait la même distinction, emploie les mêmes termes. Quand, *avant le temps de la convention*, le stipulant a un intérêt à l'exécution de la promesse, la stipulation produit ses effets. Il n'y a pas lieu de distinguer si c'est un gérant d'affaires ou une autre personne qui stipule ; la théorie de l'intérêt suffit à valider un tel acte.

Avec la seconde hypothèse, nous rentrons plus spécialement dans la théorie.

---

[1] Demolombe, *Traité des Contrats*, tome 7, nos 236 et suiv.

L'intérêt naît pour le gérant au temps de la convention et par l'effet même de cette convention.

Si, par exemple, n'ayant encore fait aucun acte de
gestion sur les biens de Paul, je stipule, en mon
nom de Pierre, qu'il réparera la maison, cette stipulation est-elle valable? Demolombe le déclare positivement.

Deux graves objections ont été soulevées contre
cette affirmation.

D'abord, peut-on considérer un acte isolé comme
une gestion d'affaires?

On a vivement soutenu la négative.

En effet, avant la stipulation, le stipulant n'étant
pas encore le gérant d'affaires du tiers n'a aucun
intérêt à faire un pareil acte, puisqu'il agirait ainsi
en une qualité qui n'existe pas en sa personne.

M. Vernet, qui s'est beaucoup occupé de cette
théorie, dit en propres termes [1] : « Par le fait seul
de la stipulation pour autrui, il n'y a pas encore, de
la part du stipulant, *negotiorum gestio*, mais seulement *negotiorum susceptio.* »

A vrai dire, nous admettons fort bien qu'un acte
isolé puisse constituer une gestion d'affaires.

Pothier l'admet positivement au n° 59 de son
Traité des obligations, et il est certain qu'à son

---

[1] Vernet, *Théorie des Obligations en droit romain*, p. 196.

époque, la théorie de la gestion d'affaires moins étudiée qu'à l'heure actuelle était évidemment plus restreinte dans ses applications et dans ses effets.

Et en dehors de cet argument historique, il semble bien nécessaire que la gestion d'affaires commence par un premier acte qui sera au début unique et isolé. Plusieurs actes successifs n'ont jamais été exigés pour constituer une *negotiorum gestio*.

Mais cet acte quelconque isolé ne pourra jamais être envisagé comme gestion d'affaires si c'est un acte nul. Or en principe la stipulation au nom d'autrui pour autrui est nulle (art. 1119), comment donc pourrait-elle être regardée comme une *negotiorum gestio* ?

C'est ce que fait très nettement ressortir Duranton[1]. L'intérêt du stipulant peut seul d'après cet auteur valider une stipulation pour autrui[2] ; or cet intérêt naît au moment du contrat, comme conséquence de ce contrat, mais il faut tout au moins que ce contrat pour pouvoir constituer une gestion d'affaires soit valable en lui-même ; c'est là un cercle vicieux dont Demolombe cherche en vain à sortir.

---

[1] Duranton, tome VI, n⁰ˢ 230 et 237.

[2] Quoique la théorie de l'intérêt soit en droit des plus contestables, on est quand même forcé de reconnaître une grande force à l'argument présenté par Duranton.

Mais ce n'est pas tout; Demolombe envisage encore une troisième hypothèse.

Le stipulant paraît n'avoir aucun intérêt ni avant ni au temps de la convention.

Pothier se refusait à appliquer la théorie de la gestion d'affaires à une pareille stipulation. Ce qui a paru surtout guider ce jurisconsulte, c'est la nécessité de l'ingérence directe du gérant dans le patrimoine du géré. Il faut une immixtion effective et « l'on ne saurait considérer comme gestion d'affaires le fait isolé d'une stipulation pour un tiers, lorsque cette stipulation n'atteint pas un bien actuellement dépendant de son patrimoine. [1] »

Tel n'est pas l'avis de Demolombe. Rien ne s'oppose selon lui à ce que l'on considère comme gestion d'affaire une semblable stipulation pour autrui. Il s'en rapporte à la définition que M. Labbé [2] donne de la *negotiorum gestio*. « Un gérant peut faire, sous la condition de la ratification, tout ce que peut faire un mandataire. »

Ainsi un de mes amis est en voyage, il a une maison contiguë à un terrain appartenant à Pierre et par lequel celui-ci le laissait passer. Pierre va vendre son terrain et l'acquéreur n'aura certaine-

---

[1] Demolombe, *op. cit.*, n° 240.

[2] Labbé, *Dissertation sur les effets de la ratification des actes d'un gérant d'affaires*, n° 64, p. 66.

ment pas la même tolérance. Je stipule de Pierre en mon nom et pour le compte de mon ami qu'il réservera dans l'acte de vente une servitude de passage pour la maison de mon ami et que ce dernier pour ce motif lui paiera 10.000 francs lorsque l'acte de constitution de servitude sera dressé, et dans le délai d'un mois à son retour.

Ou bien encore une maison se trouve à louer, je sais qu'elle convient particulièrement à mon ami Pierre, je stipule du propriétaire qu'il la lui louera pour un prix déterminé et à des conditions fixées.

Ces actes, quoique n'entraînant pas immixtion directe du gérant dans le patrimoine du géré, peuvent très bien être considérés comme gestion d'affaires.

Mais une autre objection peut être soulevée, la gestion d'affaires entraîne des obligations réciproques et, entre autres, celle pour le maître d'indemniser le gérant de toutes les dépenses utiles ou nécessaires qu'il a pu faire. Or le géré n'est point tenu à ratification lorsque l'acte du gérant ne concerne point l'administration de ses biens personnels. Je ne suis pas contraint de ratifier la stipulation par laquelle Pierre aurait stipulé de Paul qu'il me vendrait sous certaines conditions un terrain à lui appartenant. Il n'y a donc pas gestion d'affaires avec toutes ses conséquences juridiques.

Mais, répond Demolombe, il n'est pas nécessaire

que l'acte accompli en faveur du tiers soit forcément
obligatoire pour ce dernier, le tiers peut refuser sa
ratification ou l'accorder et dans ce dernier cas,
pourquoi ne pas valider le contrat?

En matière de mandat si le mandataire excède ses
pouvoirs, le mandant n'est pas tenu de ratifier,
d'autre part s'il ratifie, ce que le mandataire a fait
est parfaitement valable. Or le mandataire qui a fait
quelque chose au delà de son mandat est un *negotiorum gestor*. Tous les auteurs le reconnaissent.
(Pothier, *du Mandat*, n° 177; Delamare et Lepoitevin, *du Contrat de Commission*, t. I, n° 128).

« Donc on peut considérer comme gestion d'affaires un acte que le maître aurait pu ne pas ratifier
lorsqu'au contraire il le ratifie... Ainsi deux domai-
nes étant mis en vente, je charge Paul, par un mandat très précis, d'acheter en mon nom l'un des deux
seulement et voilà que Paul les achète, en mon nom
tous les deux; il est certain que, si je ratifie l'acquisition qu'il a faite de l'autre domaine, cette stipulation qu'il a faite en mon nom sera valable[1]. »

De tout ceci Demolombe tire cette conclusion, c'est
qu'on peut stipuler valablement pour autrui au nom
d'autrui, et qu'il en pourra toujours être ainsi à la
condition toutefois que le tiers ratifie.

---

[1] Demolombe, *op. cit.*, p. 220.

Nous sommes absolument persuadés de l'exactitude de cette théorie.

On a bien dit que la ratification du tiers transformait la *negotiorum gestio* en mandat, que par conséquent on ne se trouvait plus en présence d'un quasi-contrat de gestion d'affaires, mais d'un contrat. Or cette affirmation provient d'une fausse interprétation de la règle. « *Ratihabitio mandato comparatur.* » Elle n'a jamais voulu dire que par la suite de la ratification la *negotiorum gestio* devenait un mandat, elle a voulu simplement exprimer une analogie entre les effets de ces deux notions juridiques. Il serait puéril de soutenir que celui qui a agi sans mandat soit considéré comme en ayant eu un par le fait seul d'une ratification postérieure à l'acte accompli.

Il convient même d'être satisfait des résultats auxquels jusque-là Demolombe est arrivé. Il a nettement dégagé le principe de la validité d'une stipulation *alieno nomine*. Il l'a généralisé, il a montré que sous la condition d'une ratification du tiers, il pourra toujours en être ainsi. Mais nous nous arrêterons là et nous ne le suivrons pas dans sa conclusion.

Demolombe déclare d'abord qu'il faut s'en rapporter à la volonté des parties et savoir ce qu'on a voulu exactement faire, lorsque l'on stipule en son propre nom pour autrui.

Partant du principe de la validité des stipulations *alieno nomine*, il déclare qu'il en est ainsi parce que ces stipulations sont faites dans l'intérêt d'autrui.

Donc toute stipulation faite dans l'intérêt d'autrui doit être présumée faite au nom d'autrui.

Or quelle a été l'intention du stipulant lorsqu'il stipule en son propre nom? A-t-il voulu faire un acte nul ou au contraire un acte valable? Le plus souvent, pour ne pas dire toujours, ce sera ce second parti qu'il aura en vue. Mais alors, il stipule dans l'intérêt d'autrui. Par conséquent, en présence de l'article 1119, il n'y a plus qu'un moyen, c'est de dire que la stipulation en son propre nom pour autrui doit être présumée faite dans l'intérêt d'autrui et par conséquent faite aussi au nom d'autrui.

C'est cette conclusion que nous n'admettons pas.

La théorie de Demolombe se réclame de la volonté présumée des parties. Il est certain en effet que le stipulant a entendu faire une stipulation valable et non pas un acte dérisoire, mais si l'on s'en rapporte à cette volonté, on verra qu'il sera très difficile de considérer comme représentant celui qui parle en son propre nom pour autrui. Le stipulant par exemple a entendu procurer au tiers un avantage purement gratuit; c'est un donateur, or jamais on n'a pu envisager sa personne comme représentant celle du donataire[1].

Le défaut capital de cette théorie c'est de vouloir ramener toutes les stipulations pour autrui à l'idée de représentation. Demolombe ne semble s'être inquiété que de la prohibition contenue dans l'article 1119, et n'a pas vu que l'article 1121 permettait de valider directement un grand nombre de stipulations pour autrui sans faire intervenir une notion étrangère, précisément parce que cette notion étrangère était inapplicable. Il ne s'est pas douté de toutes les applications pratiques qui pouvaient sortir de l'unique observation de cet article.

Sous la poussée incessante des besoins sociaux, on a pu y faire rentrer presque tous les cas de contrats en faveur des tiers et l'on peut à peu près considérer maintenant l'article 1119 comme une prohibition archaïque tombée en désuétude qu'il est regrettable toutefois de voir encore figurer dans notre Code civil.

Tartufari[2] a très bien fait ressortir l'abîme qui

---

[1] De même si la prestation stipulée en faveur du tiers n'est que l'accomplissement d'une obligation contractée envers lui à un titre quelconque. « Comment pourrait-on faire du débiteur qui accomplit son obligation le représentant du créancier? » (Vignes, *Des Rapports de la Slip. p. autrui et de la gestion d'affaires*, p. 150).

[2] Tartufari, *Dei contratti a favore di terzi*, p. 87, 88.

existe entre les stipulations *proprio* et *alieno nomine* :
« Stipuler au nom d'autrui et stipuler *nomine proprio*
en faveur d'autrui sont deux rapports essentiellement
distincts et irréductibles entre eux, et quand on
soutient que le dernier équivaut au premier et lui
emprunte son efficacité juridique, on ne fait qu'élu-
der la question à résoudre, en introduisant en même
temps en cette matière une des confusions théori-
ques les plus fâcheuses. Qu'il ne faille pas attribuer
aux paroles prononcées par les parties une importance plus grande qu'à leur volonté effective telle
qu'elle résulte de l'ensemble des circonstances qui
ont entouré le contrat, c'est une règle déjà admise à
Rome (lois 219, *de verb. signif.* et 6, § 1. *De contra
henda emptione*) et qui a passé dans les Codes modernes (Code français, art. 1156 ; Code italien, art. 1131) ;
mais quand il apparaît que le stipulant a entendu et
a effectivement agi *nomine proprio* quoiqu'en faveur
de tiers et qu'à son tour c'est dans cette intention
que s'est lié le promettant, lequel n'avait point ni ne
pouvait avoir dans l'esprit de considérer celui envers
lequel il s'obligeait comme un représentant du tiers,
comment pourrait-on recourir à l'interprétation de
Demolombe, sans méconnaître cette même intention
des parties qu'on affirme pourtant devoir être en
tous cas la *suprema lex !* Cette interprétation n'abou-
tit-elle pas à tirer d'un fait certain et connu la

preuve d'un fait contraire en dépit de la matérialité même et de l'esprit du contrat? Par suite de cette doctrine formulée avec autant de généralité, la notion des contrats *nomine proprio* en faveur des tiers devient impossible, puisque, aussi bien, ils ne seraient tels qu'en apparence et qu'ils devraient en réalité être tous considérés comme faits au nom d'autrui. »

CHAPITRE II

THÉORIE DE M. LABBÉ SUR LE REMPLOI.

Demolombe s'était, dans sa théorie, placé spécialement au point de vue juridique. Il s'était uniquement préoccupé de montrer que toute stipulation pour autrui pouvait toujours être considérée comme gestion d'affaires.

M. Labbé n'a point repris la discussion technique que nous avons exposée. Il est certainement partisan du système préconisé par Demolombe. Il ne peut y avoir de doutes à ce sujet. S'il ne le déclare pas positivement, il fait assez souvent appel aux décisions et aux arguments de ce dernier pour qu'il ne puisse point exister d'équivoques.

Partant de là, il a cherché à expliquer, au moyen de la gestion d'affaires, le remploi qu'un mari fait d'un propre de sa femme et l'assurance sur la vie contractée par une personne au profit d'un tiers. Nous examinerons successivement les deux théories proposées par le savant jurisconsulte.

§ I. — Les remplois consistent en acquisitions de propres faites, pendant le mariage, au moyen de deniers provenant d'autres propres.

L'art. 1435 du Code civil qui, seul, nous occupe ici, nous parle du remploi effectué par le mari d'un immeuble propre de sa femme. Le mari peut, à la condition d'une double déclaration, remplacer le propre de son conjoint par un autre immeuble acheté des deniers provenant du prix de vente du premier[1].

L'intérêt de la question est de savoir quelle est la nature juridique du remploi.

M. Labbé s'en explique dans les termes suivants :

« L'opération, dit-il[2], doit être analysée, non comme une dation en paiement, mais comme une gestion d'affaires, et en suivre toutes les règles. Telle était la

---

[1] Nous nous plaçons ici uniquement au point de vue du remploi facultatif, il peut être rendu obligatoire de par le contrat de mariage.

[2] Labbé, *De la Ratification des actes d'un gérant d'affaires*, n°s 96 et 100.

Le Bray   6

théorie de notre ancienne jurisprudence à laquelle notre loi s'est conformée... Le remploi proprement dit au profit de la femme, celui que l'art. 1435 prévoit, s'opère au moyen d'une acquisition que le mari fait comme gérant d'affaires de sa femme, lors de laquelle le mari doit déclarer le but du remploi et l'origine des deniers employés au paiement du prix. Si la femme accepte ensuite, elle prend l'acquisition pour elle et est censée avoir été propriétaire dès le principe [1]. »

Les conséquences de ce système sont évidentes. Puisque la femme est considérée comme ayant toujours été propriétaire de l'immeuble acquis en remploi, donc tous les droits réels consentis par le mari sur cet immeuble s'évanouiront comme consentis à *non domino*. *Resoluto jure dantis, resolvitur jus accipientis*. De même, le trésor ne pourra percevoir qu'un seul droit de mutation.

Pour soutenir ces idées, il faut évidemment admettre l'existence d'une gestion d'affaires *sui generis* produisant des effets différents de la gestion ordinaire.

L'art. 1435 exige de la part de la femme une acceptation formelle; l'acceptation du géré, au con-

---

[1] Cette théorie avait déjà été présentée par Pothier, qui n'en avait pas toutefois tiré toutes les conséquences.

traire, est dispensée de cette formalité et résulte d'un fait quelconque duquel on peut conclure que le géré a la volonté d'accepter.

L'acceptation peut intervenir pour celui dont on fait l'affaire à n'importe quel moment, aucun délai fixe ne lui est imparti. En est-il de même pour la femme ? Toute la jurisprudence est d'accord pour décider qu'elle doit être antérieure à la dissolution de la communauté[1]. Même les auteurs les plus favorables aux droits de la femme décident qu'elle doit intervenir au moins avant la liquidation de la communauté.

Pourquoi alors, puisque ce ne sont pas là les véritables conséquences de la *negotiorum gestio,* avoir recours à une *negotiorum gestio sui generis?* Le Code ne la prévoit dans aucun cas. Je sais bien que M. Labbé et ses partisans, poursuivant ce système, vont encore trouver le moyen de faire intervenir une *negotiorum gestio* d'une matière spéciale pour expliquer certains effets de l'assurance sur la vie au profit d'un tiers, effets qui cadrent mal avec les principes de la gestion d'affaires. Mais pourquoi toutes ces complications, alors qu'on peut expliquer juridiquement et sans se servir de notions détour-

---

[1] Voy. entre autres, Besançon, 11 janvier 1844, D. P., 45, 4, 442 ; Angers, 18 mars 1868, D. P., 68, 2, 82.

nées des effets conformes à l'équité et à la volonté des parties ?

Mais voici un dernier argument qui pour nous est décisif. Nous avons jusqu'ici parlé du remploi facultatif ; or le mari peut dans certains cas être contraint à le faire, si une clause du contrat de mariage l'y oblige. Lorsqu'il y est forcé, le mari ne peut pas, ce nous semble, agir en une qualité différente de celle en laquelle il agit s'il en est autrement. Les effets du remploi facultatif ou obligatoire sont identiquement les mêmes au point de vue du tiers, la femme a les mêmes droits dans les deux cas. Or lorsque le remploi est forcé, comment peut-on considérer le mari comme gérant d'affaires ?

Le Code civil lui-même s'y oppose. L'article 1372 nous dit en propres termes : que notre quasi-contrat se forme « lorsque *volontairement* l'on gère les affaires d'autrui ». Il ne peut y avoir d'équivoque. Sans doute les auteurs [1] discutent pour savoir quelle est l'origine

---

[1] Toullier dit que la loi, en employant l'expression de volontairement, a voulu marquer la différence entre la gestion d'affaires proprement dite qui repose sur un fait spontané et la situation de celui qui gère soit en vertu d'une convention ou de la loi (mandataire ou tuteur).

Selon M. Larombière, le mot volontairement est mis par opposition aux faits involontaires constituant des délits et des quasi-délits. L'article 1371 a déjà déclaré les contrats comme étant des faits purement volontaires de l'homme.

de cette disposition, mais tous reconnaissent qu'il ne peut et qu'il ne doit y avoir de gestion forcée. Et alors, si le mari ne saurait être considéré comme *negotiorum gestor* lorsque le remploi est obligatoire, comment peut-on lui donner cette qualification lorsque le remploi est facultatif? C'est une simple question de bon sens qui se pose ici. Pourquoi d'ailleurs chercher à compliquer inutilement nos doctrines juridiques, puisqu'une seule explication peut s'appliquer aux deux cas de remploi? Ce qui a séduit sans doute les partisans de la théorie de la gestion d'affaires ce sont les résultats très pratiques et très satisfaisants auxquels on arrivait ainsi. Nous prétendons arriver aux mêmes avec le système que nous allons proposer. Il a son origine dans une note de M. Boistel (Dalloz, 1889, 2128) en matière d'assurances sur la vie. M. Vignes[1] l'a appliqué d'une façon très heureuse à la théorie du remploi. « Le remploi, dit cet auteur, est une acquisition ferme avec incertitude sur la personne de l'acquéreur..., donc, ne pourrait-on pas dire que l'acquisition en remploi est alternative, facultative ; quant à la détermination de l'acquéreur définitif : le créancier acquéreur principal serait le mari, le créancier accessoire secondaire optatif serait la femme. Si avant la disso-

---

[1] Vignes, *op. cit.*, p. 156.

lution de la communauté suivant les uns, ou de la liquidation du partage suivant les autres, la femme accepte le remploi, c'est elle qui rétroactivement est censée avoir toujours été l'acquéreur unique. »

On voit qu'ainsi on arrive aux mêmes conséquences pratiques que dans le système de la gestion d'affaires. L'acceptation de la femme de même que la ratification du géré rétroagit au jour du contrat ; la femme sera considérée comme ayant toujours été propriétaire, les droits réels consentis par le mari s'évanouiront et un seul droit de mutation sera perçu.

Cependant une grave objection a été soulevée. Ce que l'on propose, au fond, c'est de sanctionner dans le remploi un nouveau cas de contrat en faveur de tiers. Or la théorie du contrat en faveur de tiers repose chez nous sur l'application ou l'extension de l'article 1121. D'après cet article la stipulation peut être révoquée par le stipulant tant que le tiers ne l'a pas acceptée ; donc le mari pourrait révoquer le bénéfice de l'acquisition faite en remploi tant que la femme ne se serait point prononcée. C'est là un effet contraire à la loi et à la commune intention des parties.

Nous prétendons que le droit de la femme est irrévocable. En effet, nous l'avons déjà dit, faute d'une disposition législative plus en harmonie avec les besoins du siècle, on a été obligé de faire rentrer sous l'application de l'article 1121 un grand nombre de cas de contrats en faveur de tiers. On a été obligé d'élargir cet article qui ne contient que deux dispositions accidentelles et ne prévoit au fond que deux cas bien limités de contrats en faveur de tiers. Dans ces deux cas, la révocabilité du droit du tiers est évidente et nécessaire. Mais est-ce là une raison pour établir cette révocabilité en règle générale? Il est permis au contraire de soutenir que l'irrévocabilité est la règle. Les articles 1973 et 1974 se réfèrent certainement à deux hypothèses de contrats en faveur de tiers et ils ne parlent point de révocabilité. Enfin que pourraient nous reprocher en cela les partisans du système de M. Labbé [1] qui, pour la plus grande partie, admettent que le gérant d'affaires peut empêcher la ratification en déclarant vouloir profiter personnellement de ce qu'il a fait au nom et pour le compte d'autrui?

Nous persistons néanmoins à croire qu'en cette matière, l'irrévocabilité est la règle et la révocabilité l'exception.

[1] Voy. Delamare et Lepoitevin, *Du Contrat de Commission,* t. I, ch. 6, § 3, n° 167; cf. Labbé, *op. cit.,* n° 45, p. 41.

CHAPITRE III

THÉORIE DE M. LABBÉ SUR L'ASSURANCE SUR LA VIE.

Cette théorie nous retiendra plus longtemps, car le contrat d'assurance-vie a pris depuis plusieurs années des développements considérables. Aussi a-t-il été beaucoup étudié, d'autant plus que n'étant pas prévu au Code civil, ce contrat nouveau ne pouvait reposer que sur les décisions émanant de la jurisprudence. Cette dernière a eu à se prononcer sur de nombreuses hypothèses relatives à notre matière, et l'on peut dire qu'à l'heure actuelle la théorie générale, établie sur des bases solides, doit être considérée comme définitive.

Avant d'aborder et de discuter la théorie de M. Labbé, nous ferons brièvement l'historique du contrat d'assurance sur la vie, puis nous montrerons quel est son utilité et son but.

Alors seulement nous nous demanderons si la gestion d'affaires appliquée aux assurances peut satisfaire l'intérêt des parties et rendre compte des effets spéciaux attachés à ce contrat.

Nous démontrerons que cette théorie s'accorde mal avec toutes les conséquences de l'assurance sur la vie et qu'il faut en chercher ailleurs l'explication.

L'assurance sur la vie peut se concevoir de différentes façons. D'une façon générale, on peut dire que c'est un contrat par lequel une personne, l'assureur, s'oblige, en retour du versement de sommes annuelles effectué par une autre personne, l'assuré, à payer une somme déterminée si tel événement se réalise dans la personne de l'assuré.

Plusieurs combinaisons peuvent se présenter.

L'assureur peut s'engager à payer la somme déterminée à une époque fixe, pourvu toutefois que l'assuré vive encore à cette époque. C'est l'assurance en cas de vie.

Ou bien encore, l'assureur s'oblige à payer le montant du capital assuré à une tierce personne désignée dans le contrat et à la mort de l'assuré, à quelque époque que cette mort se produise. C'est l'assurance en cas de décès.

Enfin, la combinaison de ces deux exemples donne l'assurance mixte. Si l'assuré vient à mourir la compagnie est tenue du versement immédiat du capital entre les mains du bénéficiaire. Si, au contraire, il survit à l'époque déterminée, il touchera lui-même la somme stipulée dans le contrat. Suivant les cas, l'assurance mixte prendra la nature de l'une ou de l'autre des précédentes hypothèses[1].

[1] Il en a été jugé ainsi notamment par un arrêt de la Cour de Douai du 14 février 1887. S. 88, 2ᵉ, 49.

Seule la seconde hypothèse peut nous intéresser. En effet, nous y voyons à première vue une stipulation pour autrui. Le stipulant, c'est l'assuré ; le promettant, c'est l'assureur, et le tiers, c'est le bénéficiaire.

On ne saurait nier l'utilité d'un pareil contrat.

Prenons des exemples. Dans bien des cas, l'homme seul subvient aux besoins de sa famille. Le produit de son travail suffit à élever ses enfants, mais quel sort leur sera réservé si le chef de famille vient à mourir ? L'assurance sur la vie vient à son secours. Au moyen de faibles retenues opérées sur son salaire il peut payer les primes, et à sa mort, sa famille touchera le montant du capital assuré qui ne lui donnera pas l'aisance, sans doute, mais qui la mettra à l'abri du besoin.

Voilà un but louable et généreux qu'on ne saurait contester.

On ne saurait sérieusement soutenir que l'assurance tient du jeu ou de la spéculation. Le joueur est anxieux sur le résultat final de son opération. Comment peut-on considérer de même l'assuré auquel, au contraire, le contrat passé apporte la sécurité pour l'avenir ?

En dehors de cette idée de prévoyance, le contrat d'assurance constitue une valeur dans le patrimoine de l'assuré, dès le temps de sa conclusion. Les polices d'assurance contiennent des clauses à cet égard. L'assuré pourra, par simple endossement, transporter le bénéfice du contrat à une personne autre que celle primitivement désignée, il pourra se réserver le droit d'emprunter à la compagnie, il pourra surtout donner sa police en gage. Ce dernier point présente des avantages considérables. Un des grands inconvénients du gage, c'est le désaisissement pour le débiteur de l'objet mobilier affecté au paiement de son obligation. Cet objet sera souvent d'une grande utilité pour lui, il peut lui permettre de vivre et de travailler, et, malgré cela, il sera obligé de s'en défaire. Dans la constitution de gage d'une police d'assurance, il y a bien aussi désaisissement de la police entre les mains du créancier, mais on voit bien qu'il n'y a pas ici les mêmes inconvénients.

Souvent aussi, l'assuré qui a donné sa police en garantie du paiement d'une dette se voit dans l'impossibilité de continuer le versement des primes. Il convient alors avec son créancier que ce dernier se chargera des primes et s'attribuera en retour le bénéfice du contrat à la mort de l'assuré.

Ces effets sont d'une grande importance pratique; nous verrons qu'il est impossible de les expliquer en faisant intervenir la notion de gestion d'affaires.

Et combien d'autres effets plus restreints, mais non moins utiles, l'assurance peut-elle réaliser !

Un mari désireux d'assurer le sort de sa femme

pour après sa mort conclura à son profit une assurance, elle pourra avoir ainsi une part supérieure à celle qu'une succession *ab intestat* et même testamentaire aurait pu lui accorder.

M. Lefort, dans son *Traité du contrat d'assurance sur la vie,* a encore indiqué un grand nombre de cas dans lesquels l'assurance présentera de l'utilité. On pourra ainsi empêcher le morcellement des propriétés. On attribuera à l'un des enfants le bénéfice d'une assurance dont le capital représentera la valeur d'une exploitation agricole échue à un autre enfant en totalité.

On trouvera aussi dans l'assurance le moyen d'égaliser les partages. Le capital dû par la compagnie servira à payer les droits de mutation, ou bien encore, si la succession est immobilière, on pourra payer ainsi une soulte à un cohéritier, sans qu'on soit contraint de vendre les immeubles.

De nombreuses décisions judiciaires ont reconnu et sanctionné des contrats d'assurance sur la vie. Personne d'ailleurs ne peut contester sérieusement la légalité d'un pareil acte. Il pouvait y avoir doute cependant, puisque le Code civil ne s'en occupait point, pour ne pas avoir à se prononcer sur sa prohibition ou sur sa validité. C'est, en effet, un contrat tout récent qui nous occupe, du moins en ce qui concerne son introduction et ses applications en

France. Nous allons dire quelques mots de son histoire.

Il est téméraire de soutenir que le contrat d'assurance sur la vie était en germe dans l'antiquité. Les Romains ne l'ont jamais connu et il semble difficile de voir une analogie entre les collèges funéraires [1] qui étaient des sociétés de secours mutuels et les compagnies d'assurance. Les assurances maritimes préparèrent la voie. C'est qu'en effet, il ne suffisait pas d'assurer la cargaison contre les risques de mer. La piraterie constituait, au moyen âge, un commerce prospère et les pirates s'emparaient non seulement des marchandises, mais des navigateurs. Ces derniers n'étaient rendus à la liberté qu'après le paiement d'une rançon. On en vint donc, en plus de l'assurance de la cargaison, à stipuler une certaine somme représentant le montant de la rançon qui pourrait être demandée. C'est ainsi que fut fondée à Londres au début du xive siècle, la *Casualty insurance*.

Spécialisé d'abord à la vie des navigateurs, le domaine de l'assurance s'élargit et put s'appliquer à la vie de n'importe quelle personne. Telle qu'elle était constituée, cette opération présentait de graves dé-

---

[1] Les Collèges funéraires étaient des associations. Chaque associé avait droit, moyennant une cotisation, au paiement des frais de maladie et à une sépulture convenable. Voy. Daniel Lacombe, *Le droit funéraire à Rome.*

fauts. « Elle était, en effet, dépourvue de la double base des tables de mortalité et du calcul des intérêts composés sur lesquels elle est assise aujourd'hui. [1] » Elle reposait uniquement sur la spéculation. Aussi ne faut-il pas être étonné si la plupart des nations [2] la prohibèrent. Il en fut ainsi en France par l'ordonnance sur la Marine de 1681.

Cependant l'Angleterre où, au fond, l'assurance était née, lui resta fidèle. Déjà, en 1574, la reine Elizabeth avait reconnu la validité d'une assurance, mais la sanction définitive n'eut lieu que plus d'un siècle après par une Charte de la reine Anne en 1706. Alors, de nombreuses compagnies se formèrent.

A la suite des bons résultats obtenus, il y eut un revirement en France et deux arrêts du Conseil de 1787 et de 1788 reconnaissent la validité de constitution de deux compagnies d'assurances.

Malheureusement on n'obtint pas les effets qu'on attendait et les rédacteurs du Code, s'inspirant des anciennes traditions, tout en ne prohibant pas, par une disposition législative, l'assurance sur la

---

[1] Bergson, *Revue de Dr. fr. et étrang.* 1845, p. 581.

[2] Voy. l'ordonnance des Pays-Bas de 1570, répétée par le *Guidon de la Mer* de 1589; l'ordonnance d'Amsterdam de 1598, le Code de Middlebourg de 1600 ; l'ordonnance de Rotterdam de 1604 ; le Code suédois de 1606.

vie, ne voulurent point l'étudier et la laissèrent de
côté. [1]

Mais, déjà dès 1818, un arrêt du Conseil d'Etat décida que l'autorité devait donner son approbation à
la constitution d'une Compagnie d'assurance sur la
vie des hommes et le 29 décembre 1819 une ordonnance royale autorisa la Compagnie d'Assurances
générales sur la vie.

Depuis, l'assurance sur la vie a fait de nombreux
progrès et personne ne songe plus à discuter sa légalité.
Il est certain que les raisons économiques et pratiques qui démontrent l'utilité d'un pareil contrat
ont eu une influence prépondérante sur son développement ; ne faut-il pas de plus prendre en considération ce fait que, depuis 1819, une seule compagnie
a été mise en faillite ? [2]

Nous venons de voir quel était le but et l'utilité du
contrat d'assurance sur la vie. Demandons-nous
maintenant quelles sont les conditions dans lesquelles il se conclut ?

Nous n'avons pas l'intention, dans cette étude
forcément restreinte, d'examiner en détail et succes-

[1] Le motif donné dans les travaux préparatoires est que la
vie de l'homme n'est point estimable à prix d'argent.

[2] Le Crédit viager. Nous nous rangerons volontiers à l'opinion de M. Vignes (*op. cit.* p., 162), qui fait découler un tel
résultat de l'autorisation nécessaire et préalable de l'Etat.

sivement les différentes parties et clauses que contiennent les polices d'assurances, nous nous arrêterons seulement à celles qui caractérisent nettement la structure juridique du contrat et les effets qu'il doit produire.

Et d'abord quelles seront les obligations de l'assuré ?

La principale est relative au paiement des primes.

« La police n'a d'existence et d'effet qu'après le paiement de la prime de la première année, ou, si la prime a été fractionnée, de la fraction convenue de cette prime.[1] »

En principe cette première prime est payée lors de la signature du contrat.

Cette règle ne s'applique point aux primes suivantes. Quant à elles, leur paiement est purement facultatif, et l'assuré ne contracte aucun engagement à cet égard.

Qu'arrive-t-il si cette éventualité se produit ?

Il y a ici une distinction à faire. Si l'assuré n'a pas payé les primes pendant les trois premières années à dater de la signature de la police, le montant de ses versements devient la propriété définitive de la Compagnie.

Mais si les primes des trois premières années ont été régulièrement payées, le même résultat serait

---

[1] Conditions générales de polices d'assurances, art. 3.

contraire à l'équité, car les premières primes sont toujours les plus fortes. Cela semble, à juste titre d'ailleurs, contraire aux principes. En effet, les risques courus par la Compagnie sont évidemment plus faibles lorsque l'assuré ne contracte, que dans la suite ; il devrait donc en être de même des primes. Mais les conséquences pratiques auxquelles on arriverait de la sorte seraient déplorables. Il faut surtout considérer dans l'assurance le but humanitaire, or il est certain que l'assuré en vieillissant travaille moins et doit moins compter sur le produit de son travail pour acquitter ses versements annuels. Aussi les Compagnies ont-elles pris l'habitude de fixer un chiffre définitif qui, s'il est exagéré au début devient par la suite égal et inférieur à la valeur des risques courus. Certaines Compagnies même allant plus loin admettent les assurés à une participation aux bénéfices de la Compagnie et peuvent arriver ainsi à un dégrèvement progressif des primes.

Je suppose donc que les primes aient été payées régulièrement pendant trois années. Qu'arrivera-t-il ? Il y a deux solutions possibles.

L'assuré ne doit pas perdre en entier son bénéfice ; l'assurance peut être alors réduite à une somme payable à la mort de l'assuré et d'après un tableau qui se trouve annexé à presque toutes les polices. La somme ainsi réduite s'appelle valeur de réduction.

Le rachat de là police constitue une autre solution.

Quand les primes de trois années au moins ont été acquittées, les assurés peuvent demander aux Compagnies le paiement d'une certaine somme représentant à peu près [1] la différence entre le montant des sommes payées et la valeur des risques courus, cette sorte de réserve s'appelle valeur de rachat.

Le rachat n'a lieu que s'il est demandé par l'assuré. Sinon la réserve est considérée comme formant la prime unique d'un nouveau contrat donnant droit à la mort de l'assuré à un certain capital représentant précisément la valeur de réduction.

Les compagnies n'ont aucune action pour contraindre l'assuré au paiement des primes. Elles lui accordent un délai de 30 jours pour s'exécuter. Elles doivent présenter leur quittance au domicile de l'assuré [2], en cas de non paiement elles feront signifier une mise en demeure mais sans commandement.

Quelles sont maintenant les obligations de l'assureur?

L'assureur est un débiteur conditionnel. Il en sera

---

[1] Je dis, à peu près, car les Compagnies réduisent la réserve de 15 à 20 0/0.

[2] La jurisprudence a en effet décidé que la prime était quérable et non portable.

ainsi le plus souvent du moins, car l'assurance pourrait très bien être contractée moyennant le versement d'une prime unique[1]. Dans ce cas la Compagnie serait débitrice à terme. Mais supposons une assurance à primes annuelles, il faut alors considérer le contrat comme existant année par année. La Compagnie s'engage à vous refaire un contrat semblable aux mêmes conditions, un contrat similaire moyennant le versement d'une prime identique. Voilà la véritable nature de l'engagement de l'assureur et alors la condition suspensive dont est affectée l'assurance, c'est le fait incertain de la mort de l'assuré dans l'année. Si la prime n'a pas été payée, il n'y a donc pas résolution du contrat, puisque ce contrat n'a jamais existé, il ne peut y avoir que la création d'un contrat nouveau.

D'autres conditions suspensives sont insérées dans des clauses de la police, elles sont relatives à la mort de l'assuré. Cette mort doit avoir eu lieu dans des conditions normales.

Examinons, enfin, quelle doit être la situation du bénéficiaire.

Pour plus de clarté nous ne parlerons ici que des

---

[1] Il en sera rarement ainsi dans un contrat primitif : la prime à payer serait trop forte, mais cette hypothèse peut se présenter fréquemment quand par suite du non paiement des primes la valeur de réduction est fixée par la compagnie.

cas dans lesquels le tiers est spécialement déterminé. Nous aurons à nous occuper ultérieurement des
droits du tiers indéterminé. Que veut l'assuré lorsqu'il contracte? Son intention est de créer au profit
du tiers et à l'instant même où la police se signe,
un droit personnel sur le montant du capital stipulé. Mais par cette désignation qu'il a faite du
tiers, il n'a pas entendu se lier à jamais. Des circonstances particulières peuvent se produire, l'assuré
doit avoir la faculté de changer de bénéficiaire. On
conçoit toutefois qu'il en soit autrement lorsque le
tiers aura accepté le bénéfice qui lui est attribué;
alors son droit aura toujours été considéré comme
irrévocable.

Ce que demande l'équité aussi, c'est que cette
acceptation nécessaire pour rendre le droit irrévocable puisse intervenir valablement après la mort du
stipulant.

Il faut aussi que ce capital soit soustrait aux poursuites des créanciers de l'assuré. L'assurance est
surtout intéressante lorsque le stipulant s'est préoccupé de l'avenir des êtres qui lui sont chers. Des
revers de fortune ont pu se produire, et s'il meurt
en état de faillite, il est de toute justice que sa femme
et ses enfants ne voient pas le capital sur lequel ils
devaient compter, versé à la masse commune. Et
quand ce failli est malheureux et de bonne foi, quand

il sera prouvé qu'il n'a pas acquitté les primes avec
les deniers de ses créanciers mais bien au moyen
d'une retenue opérée sur ses ressources personnelles,
l'équité réclame que le bénéficiaire ne soit pas con-
damné à leur restitution.

Enfin il convient de décider également que, le
capital n'ayant jamais fait partie du patrimoine de
l'assuré et ne constituant pas une valeur successorale, il n'y a pas lieu de faire intervenir les dispositions concernant le rapport et la réduction.

Voici les effets que doit produire tout contrat
d'assurance; examinons maintenant si la théorie de
M. Labbé[1] est capable de les expliquer.

D'après lui, toute assurance sur la vie au profit
d'un tiers peut se concevoir de deux façons.

Une première façon est de décomposer l'assurance
en deux contrats. Un premier contrat par lequel
l'assuré, en retour de l'engagement qu'il prend de
payer les primes, devient créancier d'une certaine
somme payable à sa mort. Puis un second contrat
par lequel l'assuré offre à un tiers désigné de lui

---

[1] La théorie de M. Labbé a été exposée dans de nombreuses
notes de Sirey, voir Sirey, 77, 1, 393. — 80, 1, 337 et 2, 249. —
85, 1, 5. — 86, 2, 201. — 88, 2, 49, 97 et 177. — 89, 1, 97 et 353.
Voir dans le même sens Mornard, *De la Stipulation pour autrui
dans l'Assurance sur la vie*. — Rabatel, *De la nature de l'Assurance sur la vie*. — Deslandres, *De l'Assurance sur la vie*.

céder gratuitement, sous certaines conditions, sa créance contre la compagnie.

A la vérité cette conception du contrat d'assurances a été admise assez longtemps par la jurisprudence [1]. Depuis 1884 elle a été, à juste titre d'ailleurs, presque unanimement repoussée [2]. Nous allons montrer dès maintenant ce qu'elle a de défectueux.

Une semblable théorie conduit à des effets absolument contraires à la volonté des parties et au but poursuivi par l'assurance. C'est qu'en effet, par suite de l'existence d'un premier contrat entre la compagnie et le stipulant, le capital assuré aura toujours fait partie pendant un temps plus ou moins long du patrimoine de ce dernier.

Il en sera ainsi tant que l'offre de libéralité faite par l'assuré au tiers n'aura pas été acceptée par lui. Il en sera toujours ainsi quand bien même l'acceptation interviendrait dans le délai le plus rapproché, elle ne pourra forcément qu'être postérieure, fût-ce d'un instant de raison, au premier contrat.

Ceci posé, il est certain que le capital promis devra compter dans le patrimoine du défunt pour le calcul de la réserve et de la qualité disponible.

De plus, cette offre de libéralité, une fois acceptée,

[1] Voir entre autres un arrêt de 1873 (S. 74, 1, 199).

[2] Elle a été cependant reprise en 1891 par M. Clos, *Des Assurances sur la vie au profit des tiers bénéficiaires.*

constitue une cession de créance à titre gratuit qui exigera pour sa perfection les formalités de l'art. 1690. Et puisque la somme due a été dans le patrimoine de l'assuré, ses créanciers ont compté sur cette valeur, par conséquent ils pourront critiquer la cession si les conditions des art. 1167 Code civil et 446 Code de com. sont applicables. Si le tiers bénéficiaire est la femme d'un assuré commerçant, nous nous trouverons dans les hypothèses prévues aux art. 564 et 559 du Code de commerce.

Enfin, on est conduit à décider que l'acceptation du tiers ne peut intervenir après la mort du stipulant. Car, nous l'avons dit, l'assurance ainsi conçue renferme une offre de libéralité; or, toute donation suppose l'accord actuel de deux volontés, l'acceptation du tiers restera donc sans aucun effet si elle intervient *post mortem*.

M. Labbé admet lui-même qu'une assurance conclue dans de telles conditions produira les effets que nous venons de montrer. Or, c'est précisément le contraire que les parties ont recherché en faisant une assurance. Nous l'avons déjà dit, le plus souvent, ce sera un père prudent et laborieux, mais sans fortune acquise, qui stipulera pour sa veuve ou ses enfants. Il faut que l'acceptation du tiers puisse rétroagir au jour du contrat et intervenir utilement après la mort de l'assuré.

Aussi, M. Labbé n'insiste pas sur cette conception juridique qui répond mal, dit-il, à l'intention des parties et expose une seconde façon de considérer notre contrat. « Le tiers [1] appelé au bénéfice du contrat est le véritable assuré, celui au nom de qui l'assurance a été contractée, le stipulant est un simple gérant d'affaires. Alors, l'adhésion qu'exprime le tiers est une ratification qui rétroagit au jour du contrat; le tiers qui a ratifié est créancier direct de l'assureur, comme s'il avait contracté lui-même. Le capital de l'assurance n'a jamais fait partie du patrimoine du stipulant, il ne doit à la mort de ce dernier ni être compté pour le calcul de la réserve, ni servir de gage aux créanciers héréditaires. L'effet est radical, l'assurance sauvegarde véritablement l'intérêt qu'avait le tiers désigné, conjoint ou enfant, à la prolongation de la vie du stipulant. Le père de famille prévoyant améliore la condition de ceux qui lui sont chers sans augmenter le gage strictement dû à ses créanciers. Dans cette conception de l'assurance, l'adhésion du tiers peut intervenir valablement après la mort du stipulant. C'est la règle de la ratification en matière de gestion d'affaires. »

De ce système, M. Labbé tire encore plusieurs

[1] Note de M. Labbé dans Sirey, 77, 1, 393.

conséquences. Le gérant d'affaires ne peut pas empêcher la ratification de se produire. C'est l'application
du droit commun, le capital n'a jamais été à sa
disposition et ne formera pas le gage commun de ses
créanciers.

Ainsi que dans l'hypothèse précédente, il y a
aussi une donation. Celle des primes que le gérant
a payées de ses deniers. Une acceptation spéciale de
cette donation par le tiers n'est pas nécessaire. Elle
est comprise dans la ratification. Cette donation de
primes peut être révoquée, le stipulant a droit alors
à leur restitution. L'effet sera différent toutefois,
selon que la ratification intervient avant ou après la
mort du stipulant. Dans le premier cas, il faudra
considérer la valeur des primes payées comme
constituant une donation entre vifs rapportable et
réductible. Si la ratification a lieu *post mortem* le
montant des primes ne pourra constituer qu'un legs.
Les créanciers pourront en demander la restitution
à la masse.

Comment ne pas être frappé de toutes les complications que renferme cette théorie[1]? Que de choses
faut-il sous-entendre pour expliquer des effets simples en ux-mêmes? En principe, un gérant d'affaires

---

[1] Voyez à ce sujet une note de M. Levillain dans Dalloz,
79, 2, 25.

lorsqu'il contracte au nom d'autrui, songe par la suite à se faire indemniser de toutes les dépenses nécessaires et utiles qu'il a pu faire pour mener à bien sa gestion. Ici rien de semblable, il renonce par avance et sans que le contrat se soit exprimé à cet égard à la restitution des primes. M. Labbé a, sans douté, vu l'exagération d'une pareille solution, car dans une note postérieure [1], il dit en propres termes : « Pour que les primes payées ne soient pas restituables, il faut, à notre avis, une manifestation spéciale et expresse de volonté à cet égard. Là est la matière d'une donation, le stipulant se dépouille dans cette mesure. » Mais alors, ce n'est plus une assurance sur la vie ordinaire en présence de laquelle nous nous trouvons, mais un contrat spécial auquel la volonté des parties a voulu faire produire des effets spéciaux. Comment admettre aussi que faute de ratification de la part du tiers géré, les ayants-cause du gérant pourront s'approprier le contrat intervenu avec la compagnie? Ce sont là de simples suppositions puisque le contrat ne s'est point expliqué à cet égard et que le droit commun enseigne une solution contraire.

Mais ce n'est pas tout. Un des effets particuliers et nécessaires de l'assurance, c'est la faculté qu'a

---

[1] Sirey, 80, 1, 387.

l'assuré de pouvoir révoquer la stipulation faite au bénéfice du tiers ou bien encore de changer de bénéficiaire, d'emprunter sur sa police ou de la donner en gage.

Ces résultats sont absolument incompatibles avec l'idée de gestion d'affaires. Celui qui fait l'affaire d'autrui a accompli son acte volontairement, la logique et le Code décident qu'il ne peut se rétracter. Lorsque la police aura été signée, l'assuré ne pourra donc plus, par un changement de volonté, priver le tiers du bénéfice qu'il lui a procuré. A vrai dire, M. Labbé ne pouvant abandonner le principe de la révocation en voit une application dans les pouvoirs du gérant considéré comme donateur des primes. C'est là bien peu de choses en effet, il peut se faire que les primes payées soient de très faible importance alors que le capital assuré est très fort. Enfin, quand il s'agit de montrer comment, par une clause de la police, l'assuré se réserve la faculté d'emprunter à la compagnie ou de changer de bénéficiaire, M. Labbé avoue que la théorie de la gestion d'affaires ne peut pas s'appliquer; or dans presque toutes les polices ces clauses-là sont insérées.

Dans un autre ordre d'idées, l'article 1372 du Code civil décide que le géré conclut l'engagement tacite de continuer la gestion qu'il a commencée et de l'achever. Or, pour que le tiers puisse profiter du capital stipulé, il faut que les primes soient régulièrement payées jusqu'au décès de l'assuré ; donc pour que la gestion soit efficace et soit par conséquent une vraie gestion d'affaires, il faut que l'assuré paie les primes jusqu'à sa mort. Or jamais assuré n'a pris d'engagement semblable, nous l'avons vu quand nous avons parlé de ses obligations.

Toutes ces raisons nous forcent à rejeter la théorie de M. Labbé. Reconnaissons toutefois qu'elle a eu une heureuse influence. En dehors de ses imperfections, elle a dégagé nettement certains effets cadrant bien avec la volonté des parties et montré tous les défauts et tous les dangers que présentait la théorie de l'offre. Elle a préparé ainsi un revirement de jurisprudence qui tout en s'appuyant ainsi qu'antérieurement sur l'article 1121, mais en le comprenant mieux, a enfin admis la théorie du droit direct.

C'est cette théorie que nous allons exposer.

L'assurance sur la vie au profit d'un tiers repose sur l'unique application de l'article 1121 dans sa première hypothèse. Elle apparaît comme la condition d'une stipulation que l'on fait pour soi-même.

Le droit du tiers naît directement du contrat intervenu entre le stipulant et le promettant. Cet effet se produit indépendamment de toute représentation du tiers par l'assuré. Il n'y a pas non plus acquisi-

tion du droit par le stipulant et transmission postérieure de ce même droit du stipulant au tiers. Il n'y
a que deux volontés en présence ; celle du tiers n'a
pas à intervenir comme dans la théorie de l'offre,
l'accord de l'assuré et de la compagnie suffira pour
créer à l'instant même du contrat un droit de créance
au profit du bénéficiaire désigné.

Cette théorie qui était déjà admise en France en
1884 par quelques auteurs, et depuis plus longtemps en
Allemagne [1], a été consacrée par un arrêt de la Cour
de Cassation [2]. « Attendu, en droit, dit cet arrêt,
que le contrat d'assurance sur la vie par lequel il
est purement et simplement stipulé que moyennant
le paiement de primes annuelles, une somme déterminée sera à la mort du stipulant versée à une personne spécialement désignée, a pour effet, au cas où
le contrat a été maintenu par le paiement régulier
des primes, d'une part, d'obliger à la mort du stipulant le promettant à verser le capital assuré entre

[1] En France ce fut M. Bufnoir qui la soutint un des premiers en Allemagne dès 1869. Unger *(Die Vertrœge, Zu Gunsten Dritter, Jahrbücher für die Dogmatik*, tome 10, p. 1 à 130)
la développe très clairement et enseigne le principe de l'irrévocabilité du droit du tiers même *mutuo consensu.*

Voir dans le même sens Gareis *(Die Vertrœge, Zu Gunsten
Dritter).*

Enfin en Italie la même doctrine a été présentée dans
l'étude déjà citée de Tartufari *(Dei contratti a favore di terzi).*

[2] Sirey, 85, 1, 5.

les mains du tiers désigné et d'autre part de créer à cet instant au profit du tiers bénéficiaire un droit de créance contre le promettant, que ce droit est personnel aux tiers bénéficiaire, ne repose que sur sa tête... »

Depuis une jurisprudence constante s'est prononcée dans le même sens.

Quel est l'effet de l'acceptation du tiers ? Dans la théorie de l'offre l'acceptation créait le droit du bénéficiaire. L'offre de libéralité, simple pollicitation, se convertissait en donation entre vifs valable.

Ici rien de tout cela, le droit au capital assuré existe dès le jour du contrat au profit du tiers et indépendamment de toute acceptation émanant de ce dernier. L'acceptation ne crée pas le droit pas plus qu'elle ne le confirme. Elle n'a qu'un effet c'est de rendre le contrat irrévocable. Sa conséquence n'est pas de rendre le tiers créancier, il l'est déjà, son but est de supprimer le droit de révocation du stipulant.

Et c'est bien là l'interprétation directe et exacte de l'article 1121.

Celui qui a fait la stipulation ne peut plus la révoquer si le tiers a déclaré vouloir en profiter. Ce sont les termes mêmes de l'article. Où est-il question d'acquisition du droit par le fait de cette acceptation? On a nié l'utilité d'une pareille acceptation

surtout après la mort du stipulant. Alors en effet le
droit est irrévocable, aussi doit-on la considérer
comme une déclaration par laquelle le tiers entend
profiter du contrat. Cette déclaration sera de grande
utilité en matière d'assurance; une personne ne peut
jamais être contrainte à être créancière malgré elle.
Le tiers en acceptant n'adhère pas à une offre, il
renonce au droit de refuser.

Enfin, telle est la solution historique. Nous avons
vu que les Romains, dans les quelques cas où ils ont
admis des contrats en faveur de tiers, n'ont jamais
parlé d'acceptation nécessaire pour créer le droit. Ils
se bornent à accorder une action utile au tiers sans
aucunes conditions.

Notre théorie actuelle est celle de Pothier qui,
tout en admettant le système de la loi 3 au Code liv.
8, 55, relative à la donation *sub modo*, c'est-à-dire
celui de l'acquisition indépendante de toute adhésion
du tiers au contrat, permet au stipulant de révoquer
tant que le bénéficiaire n'a pas accepté [1].

Nous croyons que telle est aussi la solution de la
jurisprudence. Cependant le doute a été permis, car
plusieurs arrêts [2] décident que l'acceptation du tiers

[1] Voir en ce sens Saleilles, *Etude sur les sources des obligations d'après le projet du Code civil allemand*, nᵒ 22.

[2] Surtout Cass., 22 juin 91 (S. 92, 1, 177); 22 février 88 (S. 88,
1, 121).

aura un effet rétroactif au jour du contrat. S'il en est ainsi, l'adhésion du bénéficiaire apparaît comme la réalisation d'une condition, c'est donc que le droit n'était pas acquis d'une façon définitive. Un arrêt de la Cour de Douai[1] va même jusqu'à dire que, avant l'acceptation, la stipulation pour autrui ne peut avoir aucun effet.

A la vérité nous ne pensons point qu'on puisse tirer de telles conséquences des arrêts précités là où il n'y a, surtout pour l'arrêt de Douai, que termes impropres.

Mais si l'on veut voir à tout prix une rétroactivité dans l'acceptation du tiers, il me semble qu'on peut très bien l'expliquer ainsi.

Du jour du contrat, le tiers est armé d'un droit direct contre la Compagnie. La signature de la police le lui confère immédiatement. Mais ce droit est révocable; l'effet de l'acceptation est d'empêcher cette révocation de se produire désormais. Cette acceptation aura un effet rétroactif au jour du contrat en ce sens que le droit du bénéficiaire sera dès lors considéré comme ayant toujours été irrévocable. L'adhésion du tiers sera bien ainsi la réalisation d'une condition, mais cette condition n'affectera pas l'existence du droit, elle affectera sa révocation.

[1] Douai, 12 juin 86.

Ce système a donné lieu à de nombreuses critiques, nous allons essayer de les réfuter.

On a dit d'abord que l'article 1121 était inapplicable. Il exige en effet que la stipulation faite en faveur du tiers soit la condition d'une stipulation que l'on fait pour soi-même. Or cette seconde stipulation existera bien rarement dans le contrat d'assurance. Nous prétendons au contraire que l'assuré, tout en investissant le tiers d'un droit direct au capital, retirera également un profit du contrat.

En premier lieu un profit moral résultera le plus souvent de l'acte, puisque l'assuré pourra gratifier ainsi des êtres qui lui sont chers et les mettre à l'abri du besoin pour après sa mort. Mais en plus, le stipulant pourra souvent recueillir lui-même le bénéfice de l'assurance ; les clauses insérées dans la police lui permettront d'emprunter à la compagnie par avance sur le capital promis, il pourra donner son contrat en nantissement. Voilà bien des intérêts pécuniaires.

Enfin d'une façon générale personne ne nie que le stipulant ait une action pour contraindre la compagnie à exécuter son obligation envers le tiers ou envers lui-même, si le tiers ne peut pas recueillir le bénéfice. Si la compagnie ne remplit pas ses engagements, l'assuré aura une action en répétition des primes par lui payées, sans cause, puisque le versement n'en a été effectué que pour obtenir en retour de la compagnie la somme promise. C'est la *condictio sine causa* du droit romain. L'intérêt pécuniaire du stipulant est donc indiscutable.

Une objection[1] plus sérieuse a consisté à dire qu'une personne lorsqu'elle n'a pas participé à un contrat ne peut se prévaloir de ce qui a été promis pour elle à son insu, lorsque les co-contractants ont parlé en leur nom propre. Or tel est bien le cas de l'assurance sur la vie, puisque le contrat crée un droit au profit de tiers, sans que le concours du tiers soit utile pas plus que son acceptation.

Mais où a-t-on vu dans le Code qu'un tiers ne pouvait point acquérir de droits à son insu ? Les légataires se voient armés dès le décès du testateur d'un droit direct indépendant de leur acceptation future, et souvent, ils ignoreront la disposition faite en leur faveur. Je sais bien qu'on veut restreindre la portée de la règle à la matière des contrats. Or le Code n'en dit rien et, dans tous les cas, on ne pourra qu'appliquer l'article 1165 qui reproduit la règle romaine : *Res inter alios acta*. Or cet article vient précisément à notre aide. Après avoir dit que les conventions n'ont d'effet qu'entre les parties contractantes il ajoute qu'elles ne nuisent point au tiers et

---

[1] M. Labbé a le premier formulé cette objection dans une note de Sirey (89, 1, 97).

qu'elles *ne lui profitent que dans les cas prévus par l'article 1121*. C'est qu'il y a ici exception à la règle générale. La stipulation pour autrui, lorsqu'elle est validée au moyen de l'article 1121, produit donc les effets qu'il convient de lui donner, effets d'ailleurs que la Cour de cassation, dans ses arrêts les plus récents, n'a pas manqué de lui attribuer [1].

Ainsi, au moyen de la théorie du droit direct, on peut expliquer non seulement l'assurance sur la vie au profit d'un tiers, mais lui faire produire les conséquences pratiques que demande le contrat.

L'acceptation du bénéficiaire, inutile pour créer le droit, pourra efficacement intervenir après la mort du stipulant. Le capital assuré n'ayant jamais fait partie du patrimoine de ce dernier ne formera pas le gage de ses créanciers, pas plus qu'il ne comptera pour le calcul de la réserve et de la quotité disponible. Enfin nous persistons à croire que le père de famille prévoyant pourra contracter ainsi une assurance non seulement au profit de ses enfants déjà nés mais encore au profit de ceux qui naîtront dans la suite. D'ailleurs ce n'est pas le moment de discuter cette solution très contestée.

[1] Voir en ce sens Coulazon, *De la stipulation pour autrui dans l'assurance sur la vie*, p. 89.

CHAPITRE IV

CRITÉRIUM DISTINCTIF DES CONTRATS EN FAVEUR DES
TIERS ET DES CONTRATS PAR REPRÉSENTANT.

De tout ce qui précède, il résulte que les théories de Demolombe et des autres jurisconsultes qui cherchent à valider toutes ou certaines stipulations pour autrui au moyen de la notion de gestion d'affaires ne sauraient nous contenter. Nous croyons toutefois l'avoir démontré. Une dernière question reste à examiner. Est-ce qu'une stipulation pour autrui ne pourra jamais s'analyser dans une gestion d'affaires? Sans adopter dans leur généralité les systèmes que nous avons exposés, il nous semble impossible d'être aussi affirmatif. Oui la *negotiorum gestio* pourra, à l'exemple de la stipulation pour autrui lorsqu'elle est permise, faire naître un droit direct au profit du tiers. A quelles conditions en sera-t-il ainsi?

A notre avis, si la solution du problème a été retardée, c'est que la question fut mal posée.

Tous les auteurs qui, depuis Pothier, ont essayé de tourner la prohibition mise en lumière par l'article 1119 sont partis de ce principe que la nullité des stipulations pour autrui provenait du défaut d'intérêt chez le stipulant. Point d'intérêt, point d'action.

C'était la théorie romaine et notre Code la reprodui-
sait implicitement.

Ce principe une fois établi et admis, une conséquence évidente s'imposait. Toutes les fois que par
un moyen quelconque on pourra faire naître l'intérêt du stipulant, par ce seul fait, la stipulation devra
être déclarée valable. Pareille solution existait déjà
en droit romain lorsqu'une clause pénale avait été
insérée.

Or, cet intérêt peut se concevoir, si l'on fait de ce
stipulant un gérant d'affaires. Toutes les théories
que nous avons exposées se résument donc à ceci :

Toutes les fois que le stipulant, considéré comme
gérant d'affaires, aura un intérêt dans l'accomplissement de sa gestion, la stipulation pour autrui qu'il
aura faite sera déclarée valable. Il en sera ainsi dans
tous les cas, d'après M. Demolombe, dans certains
seulement d'après les autres.

A notre avis, cette doctrine pèche par sa base.

Il est absolument faux de dire que la nullité des
stipulations pour autrui provient uniquement du
défaut d'intérêt du stipulant.

Nous ne nions point qu'à Rome cette idée ait eu
son importance, mais il ne faut pas songer à l'ériger
en règle générale. S'il en était ainsi, comment expli-
querait-on les cas, exceptionnels sans doute, mais
assez nombreux, dans lesquels les empereurs ont

sanctionné de véritables contrats en faveur des tiers ? Personne ne songe cependant à analyser ces contrats dans une idée de représentation.

Cette théorie de l'intérêt, si chère à nos anciens auteurs, est complètement abandonnée des législateurs modernes. C'est à juste titre d'ailleurs. Elle a eu malheureusement comme conséquence de nous valoir l'art. 1119, qui est si peu en harmonie avec les autres dispositions du Code civil. En effet, la règle dominante de notre droit est de prendre en considération la volonté des parties et de la sanctionner lorsque les contractants n'ont eu en vue qu'un but louable, généreux et moral. Comment concilier ces idées larges et équitables avec l'étroite prohibition de l'art. 1119 ? Qu'importe, en effet, que le stipulant n'ait point intérêt à l'exécution de l'obligation, si, au moment de la conclusion du contrat, la volonté des parties était bien de faire naître un droit au profit d'un tiers ? La théorie de l'intérêt qui nous a valu une mauvaise disposition législative, n'est point dans nos mœurs et ne doit point servir de pierre de touche.

La question est donc mal posée lorsqu'on se demande si le gérant d'affaires a, dans l'hypothèse, un intérêt à l'accomplissement de sa gestion ; le problème est plus simple : il s'agit de savoir si l'hypothèse constitue oui ou non une gestion d'affaires. En sera-t-il toujours ainsi ? Pour démontrer le contraire, nous n'avons qu'à analyser les éléments constitutifs d'une *negotiorum gestio.*

La gestion d'affaires est un fait volontaire et utile de l'homme se référant au patrimoine ou à la personne d'un tiers.

, Cette définition posée, nous pouvons dégager les conditions auxquelles sera soumise toute gestion d'affaires.

On reconnaît généralement que toute personne, même incapable, peut faire une *negotiorum gestio.*

L'acte de gestion devra consister dans un fait volontaire. Il importe peu d'ailleurs que ce fait soit connu ou non du géré.

Mais la condition essentielle pour nous consiste dans l'aliénité du *negotium.* Le gérant fait l'affaire d'autrui et non pas la sienne. Cette aliénité pourra se présenter de deux façons : ou bien elle résultera du fait même qui constitue la gestion, elle naîtra *ex re ipsa.* Elle se réfère alors *directement* au patrimoine d'autrui ou à sa personne. On a prétendu que l'on se trouvait là en présence d'une gestion d'affaires spéciale, exceptionnelle, parce qu'elle ne suppose pas chez le gérant l'intention de faire l'affaire d'autrui. Nous croyons au contraire que c'est là une véritable gestion d'affaires qui se justifie surtout au point de vue historique, car c'est sans doute ainsi qu'elle se manifesta tout d'abord. Ce qu'il y a de plus remarquable, c'est que toute stipulation au profit d'un tiers, lorsqu'elle se référera directement au patrimoine de ce tiers, pourra toujours être considérée comme une gestion d'affaires objective et, par conséquent, validée comme telle, sous la condition, toutefois, de son utilité. Tous les auteurs sont d'accord sur la question. C'est, au fond, l'hypothèse première prévue par Pothier et reprise par Demolombe. Nous croyons toutefois qu'il ne faut pas restreindre à ce seul cas l'application de la gestion d'affaires à la stipulation pour autrui, malgré l'avis de plusieurs jurisconsultes et de décisions judiciaires importantes [1].

C'est que la gestion d'affaires peut exister indépendamment d'immixtion dans le patrimoine du géré. L'aliénité nécessaire pour sa formation résulte de l'intention qu'a le gérant de faire l'affaire d'autrui. Ce sera l'*animus aliena negotia gerendi*, l'aliénité sera subjective ; c'est dans cette matière qu'il est nécessaire de trouver un critérium distinctif.

Tout stipulant peut agir de deux façons : ou bien en son propre nom ou bien au nom d'autrui. Dans le premier cas, sauf exception, l'art. 1119 sera applicable. Le tiers n'aura aucune action contre le

[1] Voir Aubry et Rau et un arrêt de la Cour de Bordeaux de 1827 (D., 28, 2, 8).

promettant. Mais le résultat sera différent si le stipulant, au lieu d'agir en son propre nom, a agi au
nom d'autrui. Alors, rien n'empêche de le considérer comme un gérant d'affaires, et il n'est pas
nécessaire pour cela que la stipulation par lui faite
soit relative à l'administration, au développement
ou à l'augmentation du patrimoine du tiers. Dans
tous les cas, ce dernier sera armé d'un droit direct
dès l'instant de la stipulation. Quand nous avons
réfuté la théorie de Demolombe, nous avons montré
déjà la profonde différence qui existe entre les contrats *proprio* et *alieno nomine*. Les premiers, malen-
contreusement prohibés, peuvent être cependant
validés dans un très grand nombre de cas et ne
doivent pas être absorbés dans les seconds, dont ils
diffèrent complètement, ainsi que nous le montrerons bientôt.

Toutefois une condition doit encore être nécessaire pour qu'un contrat *alieno nomine* puisse produire ces conséquences. Il faut qu'il soit utile. L'utilité d'une gestion d'affaires se conçoit de deux sortes :
ou bien par le fait même de cette gestion, ou bien
par la ratification postérieure du *dominus*. Il est, en
effet, évident que si le maître ratifie l'opération faite
en son nom, c'est qu'il la juge utile. Le premier cas
ne pourra se présenter que lorsque l'affaire aurait
été entreprise par le maître lui-même. L'élément

d'appréciation existera facilement quand le *negotium* sera relatif au patrimoine du *dominus* ou à son administration. Au contraire, il ne pourra pas en être ainsi lorsque l'aliénité sera subjective, car ici, il n'y a pas immixtion dans les biens d'autrui, l'utilité dépendra seulement de la ratification du géré.

Ceci posé, quand est-ce qu'une stipulation pour autrui pourra être considérée comme faite au nom d'autrui ?

Une double distinction doit être faite.

Souvent le promettant ne s'est engagé qu'en considération de la personne avec laquelle il a contracté. Il faudra alors s'en rapporter aux termes de l'acte et voir si dans cet acte le stipulant a clairement déclaré qu'il agissait au nom d'autrui.

S'il y a doute ou si les parties ne se sont point exprimées à cet égard, nous croyons que le contrat devra être interprété dans ce sens que le stipulant a entendu agir *proprio nomine*. Les articles 1119 et 1121 seuls recevront leur application.

Le plus souvent les contrats rentreront dans cette catégorie.

Il peut se faire toutefois que le promettant ne se soit pas lié en ayant spécialement en vue la personne avec laquelle il contractait, et alors en dehors d'un acte disant manifestement l'intention des parties, le juge aura à apprécier cette intention, à décider si le stipulant a voulu parler en son propre nom ou au nom d'autrui. En cas de doute, j'inclinerai à croire qu'il n'y a pas d'inconvénient pour valider le contrat, à décider que ce contrat a été réellement fait au nom d'autrui.

Donc de tous les principes par nous exposés ci-dessus, il nous semble que l'on peut dégager le critérium suivant.

Toutes les fois qu'une stipulation aura pour objet l'administration, l'amélioration ou l'augmentation des biens d'autrui, ou que, dans les autres cas, elle aura été faite au nom d'autrui, avec ratification postérieure de ce dernier, elle pourra être considérée comme gestion d'affaires.

Est-ce à dire qu'un contrat *proprio nomine* ne puisse jamais être analysé dans une *negotiorum gestio*?

Les considérations que nous venons d'invoquer semblent prouver d'une façon péremptoire qu'il ne peut jamais en être ainsi.

Et pourtant nous allons examiner une hypothèse qui donne lieu à controverse.

Supposons, pour plus de simplicité, qu'une personne ait déjà fait plusieurs actes de gestion dans l'administration des biens du géré. Puis dans la suite le gérant a besoin de traiter avec un entrepreneur par exemple pour la reconstruction ou la réparation d'un immeuble appartenant au géré. L'intention du *negotiorum gestor* est de faire un contrat *alieno nomine*. Mais l'entrepreneur peut très bien ne pas vouloir traiter dans ces conditions. Il a intérêt à ce que le contrat tienne, devienne définitif ; or, si le gérant a parlé au nom d'autrui, l'entrepreneur ne devra considérer le contrat par lui passé, comme susceptible de produire tous ces effets juridiques qu'autant que le géré aura ratifié, et alors, il pourra très bien venir dire ceci au gérant : « Je veux bien contracter l'obligation de réparer à des conditions déterminées la maison dont il s'agit, mais, si le travail que j'effectue profite à autrui, je veux du moins que vous stipuliez de moi ce travail en votre propre nom. Comme cela je suis sûr que notre contrat issu de notre commun accord ne pourra pas être rompu par la volonté d'un tiers.

Cet exemple nous montre qu'un gérant d'affaires peut parler *proprio nomine* en faveur d'autrui. D'ailleurs tout le monde semble le reconnaître, mais c'est une question plus controversable de savoir quelle est la nature d'un semblable contrat.

Nous trouverons-nous encore en présence d'une gestion d'affaires ; au contraire verrons-nous là un contrat en faveur de tiers?

Presque tous les auteurs déclarent que le contrat *proprio nomine* passé par un *negotiorum gestor* est un contrat en faveur de tiers. Ce que nous avons dit semble d'ailleurs corroborer cette affirmation. Toute personne voulant faire une gestion d'affaires doit parler au nom d'autrui. M. Vignes ajoute que, d'ailleurs, la question présente peu d'intérêt car le cas se présentera très rarement.

Nous ne sommes pas de cet avis ; l'exemple donné plus haut en est une preuve évidente. Et de plus nous croyons que, dans cette hypothèse très particulière, il est vrai, mais qui peut se présenter fréquemment, le *negotiorum gestor* fera quand même, par exception aux règles établies, une *negotiorum gestio*.

C'est qu'il ne faut pas oublier quelle était l'intention première du gérant. Il voulait parler au nom d'autrui ainsi qu'il l'avait déjà fait dans des actes antérieurs. S'il a changé sa façon d'opérer, c'est qu'il y a été contraint par les exigences du promettant. On sent bien tout ce qu'il y a de particulier dans la présente hypothèse, et alors nous ne voyons pas pourquoi on refuserait de faire produire au contrat les effets d'une *negotiorum gestio*.

Mais alors, ici comme dans tous les autres cas où une stipulation pour autrui sera validée comme gestion d'affaires, nous nous trouverons en présence d'un contrat tout particulier produisant des effets bien différents de ceux qui résultent des contrats en faveur de tiers. Sans doute, il y a entre eux cette ressemblance remarquable que, dans les deux cas, une personne pourra se trouver armée contre une autre d'un droit direct et immédiat en vertu d'un contrat auquel elle n'a point été partie, mais en dehors de cela, il y a un abîme entre les deux notions juridiques. C'est pour ne pas les avoir nettement séparées que M. Labbé s'est heurté à de nombreuses objections lorsqu'il a appliqué la gestion d'affaires à l'assurance sur la vie ; il n'a pu en sortir qu'en dénaturant complètement le but et les effets de la *negotiorum gestio.*

Toutefois, si cette théorie ne doit pas être érigée en thèse générale, il serait injuste de croire que l'assuré ne puisse jamais être considéré comme gérant d'affaires. Rien ne lui défend de prendre cette qualité dans la police ; à la vérité ce sera l'exception. Mais on peut très bien concevoir que l'assuré ait voulu faire produire à l'assurance des effets spéciaux. Peut-être même a-t-il intérêt à ce qu'il en soit ainsi.

Ce sont ces effets que nous allons étudier ; nous montrerons ensuite qu'ils ne peuvent en rien se comparer à ceux produits par la stipulation pour autrui.

TROISIÈME PARTIE

Des effets d'une stipulation pour autrui considérée comme gestion d'affaires.

Pour bien déterminer ces effets, il faut prendre un exemple.

Supposons un contrat d'assurance sur la vie au profit d'une personne déterminée. Dans ce contrat, l'assuré a déclaré qu'il était gérant d'affaires, qu'il agissait au nom et pour le compte du tiers. Rien ne s'oppose à ce qu'il en soit ainsi.

Et d'abord sera-t-il absolument nécessaire que l'assuré fasse la déclaration qu'il agit en qualité de gérant d'affaires du bénéficiaire ? Ne pourra-t-on pas induire cette qualité des circonstances de la cause ?

Nous sommes persuadés qu'il ne peut en être ainsi. Nous avons vu d'abord qu'en théorie générale l'assuré ne doit pas être considéré comme *negotiorum gestor*, nous avons réfuté la théorie de M. Labbé.

Et de plus, en nous plaçant au point de vue uniquement juridique, appliquons le critérium que nous avons développé au chapitre précédent.

Nous avons dit que si l'engagement du promettant intervient surtout en considération de la personne du stipulant, on ne devra pas *a priori* considérer le contrat comme fait au nom d'autrui. Il n'en sera ainsi que si, dans l'acte, les parties se sont clairement exprimées à cet égard.

Or, dans notre hypothèse, la cause de l'engagement du promettant est évidemment dans la personne du stipulant.

Quand la Compagnie d'assurances a contracté, elle a eu spécialement en vue l'assuré. Elle s'est renseignée, elle a pris toutes les précautions pour savoir quelle serait la durée probable de son existence. C'est sur cette donnée qu'elle se basera pour fixer la quotité des primes à payer et la mort de l'assuré, si elle ne crée pas la Compagnie débitrice, rend tout au moins la dette exigible. La personne du tiers est d'un bien moindre intérêt, et la preuve, c'est qu'elle peut très bien varier selon la volonté de l'assuré.

Donc, il n'y a pas de doute, si dans le contrat, l'assuré n'a pas pris la qualité de gérant d'affaires du bénéficiaire, les circonstances de la cause ne pourront jamais faire établir une présomption en ce sens.

On a soutenu cependant que sans déclaration expresse et dans un cas particulier, l'assuré pourrait toujours être considéré comme gérant d'affaires.

L'hypothèse visée est relative à l'assurance contractée par le mari au profit de la femme pendant le mariage[1].

Voici comment on a raisonné.

« Toute femme mariée possède un bien qui lui est propre et personnel c'est le droit d'obliger son mari à la nourrir et à pourvoir à ses besoins. Cette obligation résulte de l'article 214 du Code civil. Ce droit de la femme constitue une créance, un bien inaliénable, il est vrai, mais d'une valeur parfaitement appréciable en argent ; les tribunaux l'apprécient tous les jours, soit dans les affaires de séparation de corps pour fixer le montant de la pension à servir à la femme soit dans les affaires d'accident pour fixer l'indemnité due à la veuve. Ce bien est propre personnel à la femme, il est périssable, il est exposé entre autres risques à disparaître par la mort du mari. Pourquoi le mari n'aurait-il pas le droit bien plus le devoir de l'assurer, comme il a le devoir, lui administrateur légal, d'assurer l'immeuble, le navire, les récoltes qui appartiennent à sa femme? En contractant une assurance au profit de sa femme le mari agit comme gérant d'affaires des biens de la

---

[1] Voir à cet égard l'article de M. Dubois dans le *Journal des Assurances*, année 1883, p. 104 à 111. *Contra* la thèse de M. Bazenet, *L'Assurance sur la vie contractée par l'un des époux au profit de l'autre*, p. 152.

femme, qualité que la loi lui confère. » Plus loin, dans le même article, nous lisons : « Le mari agit évidemment comme gérant d'affaires de sa femme, sans qu'il soit besoin de l'exprimer. »

Cette théorie est des plus contestables.

Et d'abord peut-on dire que l'obligation résultant de l'article 214 constitue un bien propre personnel à la femme? Il ne le semble pas. En effet, c'est que cette créance n'existe que pendant le mariage, le mari n'est obligé qu'en sa qualité d'époux ; après la dissolution de l'union, il ne doit rien juridiquement parlant. Et la preuve irréfutable de cette argumentation est contenue dans l'article 301 du Code civil. Après le divorce, l'époux qui l'a obtenu peut se voir gratifié d'une pension alimentaire; le tribunal la lui accorde s'il le juge nécessaire, mais c'est une pure faculté. Comment soutenir alors que le mari est obligé; s'il en était ainsi les juges seraient contraints et forcés et n'auraient aucun pouvoir d'appréciation. Il n'y a donc pas de droit propre et personnel, rien ne peut périr pour la femme à cet égard.

Le second argument consiste à dire que l'homme est une valeur, une partie du patrimoine. Le capital assuré est destiné à remplacer cette valeur. De même si un immeuble propre de la femme a été assuré par le mari, l'indemnité due par la compagnie en cas d'accident sera subrogée à l'immeuble dont elle représentera la valeur. Il y a analogie entre les deux hypothèses, le mari ne sera-t-il pas responsable dans les deux cas ? Nous souscrivons pleinement à cette idée économique qui fait de l'assurance sur la vie un contrat d'indemnité. Certainement l'homme est une partie du patrimoine. Une famille vit uniquement sur le produit du travail du chef, ce chef vient à disparaître, la famille se trouve réduite à la misère. Mais l'homme prévoyant a su remédier à cet inconvénient. Il a contracté avec la compagnie de telle sorte que, s'il vient à disparaître, la valeur qu'il représentait sera remplacée en totalité ou en partie par l'indemnité qui sera payée à sa veuve.

Mais si c'est là le but et le caractère de l'assurance sur la vie, stipulation pour autrui, nous nous refuserons toujours à considérer comme un contrat d'indemnité celui où l'assuré sera un gérant d'affaires. C'est que nous nous trouvons alors en présence d'une conception juridique spéciale. Les principes du droit déclarent que le gérant peut se faire indemniser de toutes les dépenses qu'il a faites dans l'accomplissement de sa gestion, et ceci comporte dans notre hypothèse la restitution des primes par le géré. Il en sera toujours ainsi, sauf convention contraire bien entendu, mais cette convention devra être expresse et remplir les conditions exigées par la loi, car ce sera là une véritable donation. Aussi peut-on dire que presque toujours, la restitution des primes devra être effectuée. Et alors la somme touchée par la veuve ne représentera pas la valeur de son mari défunt, mais simplement une différence entre le capital promis et le montant des primes. Cette différence pourra être très minime et même nulle. L'effet humanitaire de l'assurance ordinaire ne pourra pas être atteint. La conclusion c'est que le mari qui s'assure au profit de sa femme peut être comparé au mari qui assure un immeuble propre de cette dernière, mais à la condition toutefois qu'il ne soit pas considéré comme gérant d'affaires.

De toutes ces considérations, il résulte qu'un assuré qui veut faire produire au contrat des effets spéciaux peut très bien prendre la qualité de gérant d'affaires du tiers bénéficiaire. Cette déclaration, dans tous les cas, devra être expresse, et ne s'induira pas des circonstances de la cause.

Ce sont les effets spéciaux de ce contrat que nous allons étudier. Dans un premier chapitre nous examinerons les obligations et les droits qui, dans un pareil contrat, naissent contre le gérant ou à son profit.

Le second aura pour objet l'étude des droits et des obligations du bénéficiaire.

Quant au promettant, nous ne nous y attacherons pas d'une façon spéciale. Il n'a qu'une seule chose à faire, c'est de payer le capital assuré. Il n'en est ainsi toutefois que si les autres parties se sont conformées aux conditions du contrat. Or l'exposé de ces conditions rentrera forcément dans les deux chapitres précédemment indiqués.

CHAPITRE PREMIER

Droits et Obligations du Gérant

Quelles seront les obligations du gérant?

La plus importante est relative au paiement des primes. C'est une conséquence de l'article 1372. Le gérant doit continuer la gestion par lui commencée jusqu'à ce que le géré soit en état d'y pourvoir lui-même. Le contrat est intervenu dans l'intérêt du maître, or cet intérêt ne se dégagera avec toute son efficacité que si la Compagnie est astreinte à payer à la mort du gérant le capital promis ; il ne pourra en être ainsi que dans le cas où le versement annuel des primes aura été régulièrement effectué.

De tout ceci, on peut déjà tirer cette conséquence que le paiement des primes n'est pas facultatif, mais obligatoire. Voilà une première différence considérable avec les principes de l'assurance sur la vie considérée comme stipulation pour autrui. Nous avons vu, en effet, que l'assuré ne prend aucun engagement à cet égard. Une clause spéciale est toujours insérée dans les polices pour dégager l'assuré d'une telle obligation.

Qu'arrivera-t-il si, dans notre hypothèse, la clause ordinaire a été insérée? Il est évident que cela ne sera pas une cause de nullité du contrat. En effet, il n'y a rien là de contraire à l'ordre public ou aux bonnes mœurs. La convention *inter partes* est parfaitement valable. La Compagnie ne pourra pas être actionnée dans la suite si les versements n'ont pas été effectués ; en tous cas, le tiers ne pourra pas lui demander une somme supérieure à celle fixée par la valeur de réduction.

Mais d'autre part le gérant n'a pas rempli ses obligations et il est tenu de réparer en totalité le préjudice causé par le fait de sa mauvaise gestion. Ses héritiers seront débiteurs de la somme stipulée ou d'une partie de cette somme envers le géré.

Une seconde question doit être également examinée. Le gérant n'est plus obligé de continuer sa gestion lorsque le géré est en état d'y pourvoir. Quand en sera-t-il ainsi ? La jurisprudence décide que l'obligation du gérant à cet égard s'éteint lorsque le géré a été prévenu utilement.

Le gérant qui veut se décharger de la gestion

entreprise le peut toujours en mettant le maître à même d'achever les travaux commencés. Le maître peut d'ailleurs être incapable de poursuivre la gestion ; cela est de peu d'importance, mais il est nécessaire qu'il soit prévenu opportunément. S'il y avait des difficultés à cet égard, le Tribunal devrait s'inspirer des considérations d'équité et de bienveillance qui doivent régir notre quasi-contrat.

Au surplus, en se plaçant au point de vue uniquement pratique, j'admettrais très bien le gérant à signifier au géré une mise en demeure, non suivie de commandement bien entendu. Il est évident que par cette mise en demeure le maître ne pourra pas dire qu'il n'a pas été prévenu utilement.

En dehors de cela, le géré ne pourra se dispenser de continuer le paiement des primes que dans deux cas. Pour cela il faudra qu'il fasse constater que sa gestion ne peut être poursuivie sans présenter pour lui un grave préjudice. Le géré, par exemple, tombe en faillite et il est à présumer que la restitution des primes ne pourra pas avoir lieu.

Il y aura aussi quelquefois dans la personne du gérant une juste cause qui le mettra dans l'impossibilité de continuer la gestion par lui commencée.

En dehors de ces cas, le gérant sera comptable envers le géré de sa mauvaise gestion.

Si nous nous trouvions au contraire en présence

d'une assurance ordinaire, les mêmes règles ne seraient point applicables. Le droit de payer les primes appartient alors seulement à l'assuré. Sa volonté seule fera que le contrat soit exécuté dans son entier. Le bénéficiaire ne pourra pas payer les primes à sa place.

Au contraire, dans l'hypothèse prévue, le droit à l'indemnité totale dépend seulement du géré qui n'a qu'à continuer le versement des primes dans les cas où le gérant n'en est plus tenu.

Passons maintenant à un autre ordre d'idées; le gérant pourra-t-il révoquer le bénéfice de la stipulation faite au profit du tiers ?

On a soutenu l'affirmative. Cette opinion qui n'avait jamais été admise par nos anciens auteurs a été pour la première fois soutenue par MM. Delamare et Le Poitevin (*Du contrat de commission*, tome Ier, ch. 6, § 183). « Le *negotiorum susceptor* qui a annoncé à quelqu'un avoir fait pour celui-ci telle ou telle affaire, peut révoquer cette annonce et garder pour lui l'affaire qu'il a faite tant qu'elle n'est pas acceptée, de même s'il avait fait des offres de service avant d'agir il pourrait les révoquer avant l'acceptation. »

D'un autre côté, M. Mornard qui, partisan du système de M. Labbé, a cherché à en dégager toutes les conséquences, s'efforce aussi de justifier le principe de la révocabilité du droit du tiers par des considérations plus économiques que juridiques.

« Pour conclure l'assurance, dit-il[1], le gérant d'affaires agit bien au nom d'autrui. Mais il ne peut faire au nom d'autrui ce qu'autrui ne pourrait faire lui-même. Or, pour que l'assurance soit possible il faut que le bénéficiaire ait intérêt à la vie considérée par cette assurance ; cet intérêt est constaté par le consentement de l'assuré. Mais le bénéficiaire ne pourrait lui-même donner un consentement qui doit émaner de l'assuré (c'est-à-dire, d'après le langage impropre de la pratique, de celui sur la tête duquel repose l'assurance). Or, cet intérêt peut disparaître par suite d'une modification des sentiments de l'assuré. La disparition de cet intérêt sera constatée par le retrait du consentement..... L'assurance étant un contrat d'indemnité et par suite ne se comprenant pas sans un intérêt du bénéficiaire portant sur la valeur dont on prévoit l'anéantissement par le sinistre, il en résultera que cette disparition de l'intérêt fera disparaître l'assurance. Le retrait du consentement empêchera donc la réalisation pour le bénéficiaire du droit éventuel qui résulterait pour lui de l'assurance. Cela se comprend parfaitement ; je suis propriétaire d'une maison, un gérant d'af-

[1] Mornard, *De la nature de l'assurance sur la vie*, p. 207.

faires la fait assurer et je ratifie l'assurance. Plus tard, il arrive que je n'ai plus aucun droit sur cette maison, mon assurance ne peut plus continuer. De même ici, le retrait du consentement constate la disparition de l'intérêt, l'assurance ne peut pas continuer plus longtemps.

Nous ne pouvons pas admettre ces déductions. Que ce soient là des effets équitables, nous n'en disconvenons pas. Nous avons montré qu'on arrivait à cette solution en envisageant l'assurance sur la vie comme une stipulation pour autrui de l'article 1121. Mais si l'assuré a pris la qualité de gérant d'affaires une conséquence semblable est antijuridique. Et c'est bien là le reproche qu'il faut adresser aux auteurs qui ont cru trouver dans l'idée de *negotiorum gestio* la possibilité d'expliquer l'assurance sur la vie, d'une façon générale et sans faire de distinctions. Ils ont été contraints de dénaturer la notion de gestion d'affaires. Cependant, l'auteur de la théorie, M. Labbé, n'a jamais admis qu'une révocation fût possible. « Le gérant, dit-il dans une de ses notes[1], ne peut pas révoquer la proposition qu'il a faite au tiers de profiter de l'assurance, il a parlé au nom d'autrui. »

C'est que, M. Labbé avant d'appliquer la gestion d'affaires aux assurances avait étudié d'une façon

---

[1] Note dans Sirey, 77, 1, 393.

spéciale notre quasi-contrat. Toutes ces idées, à ce sujet, sont exposées dans sa *Dissertation sur la Ratification des actes d'un gérant d'affaires*, et il avait eu à se prononcer sur la possibilité d'une révocation. « Le gérant[1] ne peut pas changer de volonté dans l'intervalle de l'acte à la ratification. Il ne peut pas dégager le tiers de son obligation éventuelle ; il ne peut pas prendre pour lui ce qu'il a stipulé pour autrui. En effet, au moment où le contrat se forme, le gérant est libre dans sa détermination, il peut préférer ses intérêts à ceux d'un absent. Mais s'il déclare se constituer le représentant d'autrui, s'il désigne une personne comme devant être partie au contrat, il épuise son droit, il détermine irrévocablement à qui seul, la ratification survenant, le contrat profitera. Il ne peut pas se repentir, il ne peut pas varier... Il n'est pas dans la situation de celui qui fait une offre. Pour que le gérant fût réputé offrir à l'absent le bénéfice du contrat, il faudrait que ce bénéfice lui fût acquis et qu'il fût le maître d'en disposer. »

Le gérant ne peut revenir sur ce qu'il a fait puisqu'il a agi volontairement. Voilà l'argumentation de M. Labbé, elle cadre bien avec les principes.

Donc si deux personnes veulent faire une assurance irrévocable pour l'une sur la tête de l'autre,

---

[1] *Dissertation sur les Effets de la Ratification des actes d'un gérant d'affaires*, n° 51, p. 45.

rien ne peut les en empêcher, et pour cela l'assuré n'a qu'à prendre dans le contrat la qualité de gérant d'affaires du tiers bénéficiaire.

D'un côté l'assuré ne pourra pas empêcher le tiers de profiter du bénéfice stipulé et d'un autre le tiers pourra toujours maintenir le contrat passé à son profit, puisque le versement régulier des primes dépend uniquement de sa volonté.

Toutefois, il est difficile, en matière d'assurance, d'abandonner toute idée de révocation. M. Labbé considère l'assuré comme donateur des primes et alors cette donation sera toujours révocable jusqu'à la ratification du tiers. A moins de convention expresse, nous nous refuserons toujours à voir chez le gérant une présomption de donation. Mais si la volonté de l'assuré s'était clairement manifestée ainsi, les règles concernant les donations seraient applicables. Et même en dehors de toute disposition législative à cet égard, je ne vois pas pourquoi une semblable donation serait affranchie des règles de forme auxquelles le droit commun la soumet.

Ceci posé, il me semble difficile de ne pas tirer les conséquences suivantes. Le capital assuré n'a jamais fait partie du patrimoine du gérant et ne pourra jamais en faire partie. Il est donc évident que l'assuré ne pourra pas, par une manifestation nouvelle de sa volonté, changer de bénéficiaire. Il ne faudrait pas non plus sanctionner une clause par laquelle il se serait réservé le droit d'emprunter à la Compagnie. Enfin s'il ne peut pas céder sa police, il ne faut pas non plus lui accorder le droit de la donner en gage.

Nous voici donc encore une fois en opposition complète avec les effets produits par une stipulation pour autrui. Sans doute ces conséquences sont de la plus haute importance, nous l'avons montré antérieurement, et il est à prévoir que dans les hypothèses normales, l'assuré ne prendra qu'exceptionnellement la qualité de gérant d'affaires. Mais, quand il en est ainsi, il n'est point douteux que le droit du tiers soit mieux protégé, et cette considération présente de l'intérêt.

Jusqu'ici nous nous sommes placés uniquement dans le cas où le bénéficiaire était spécialement désigné dans la police. Mais on peut concevoir que cette détermination n'existe point. Par exemple l'assuré a attribué le bénéfice de l'assurance à ses enfants nés et à naître; à ses héritiers. Une incertitude plane sur de pareilles dispositions. En effet, il est impossible de dire, dès l'instant du contrat, quelle sera certainement, si diverses conditions se réalisent, la personne appelée à profiter du bénéfice.

Quels seront les effets que nous devrons attacher à de semblables dispositions, lorsque, dans la police, l'assuré aura pris la qualité de gérant d'affaires?

Certains auteurs [1] prétendent qu'il faut assimiler les bénéficiaires indéterminés aux bénéficiaires déterminés et déclarer que, dans tous les cas, le tiers est armé d'un droit propre.

Voici leur argumentation.

La gestion d'affaires naît *ex facto* et non point de l'intention des parties. Il est absolument faux de voir dans notre quasi-contrat un consentement fictif du géré à l'accomplissement de la gestion. Ceci étant, le maître n'entre point en ligne de compte, sa personnalité n'est point directemeut visée; l'article 1372 d'ailleurs implique une gestion d'affaires lors même que le *dominus* ignore le fait du gérant. Aussi faut-il admettre avec la jurisprudence [2] que l'on peut gérer l'affaire d'une personne en croyant faire celle d'une autre. Et alors ne peut-on point tirer cette conséquence que le gérant n'a pas besoin d'avoir en considération et pour objectif une personne spécialement déterminée.

A notre avis cette dernière déduction n'est point la suite immédiate des autres. Je conçois fort bien que l'élément essentiel de la gestion d'affaires con-

---

[1] Mornard, *op. cit.*, p. 208; Deslandres, *De l'Assurance sur la vie*, p. 161

[2] Cass., juin 72. D. 72, 1, 471.

siste dans l'aliénité du *negotium* et que, dans ces conditions, l'erreur du gérant sur la personnalité du géré n'empêche pas, lorsque ce dernier ratifie, la création d'obligations réciproques. Mais encore faut-il que le géré soit existant et capable au jour de la gestion. Or, là n'est pas le cas. L'assuré a contracté au profit de ses enfants nés et à naître, il s'est déclaré leur gérant d'affaires. Après la signature de la police, il lui naît des enfants, l'intention du père était certainemant de ne point avantager les uns au préjudice des autres, l'application des principes ne permet cependant pas d'accorder aux derniers un droit propre sur le capital assuré.

C'est d'ailleurs l'opinion de M. Labbé. « Une gestion d'affaires, dit-il, n'est valablement entreprise qu'au nom d'une personne existante et capable. Le gérant d'affaires remplace spontanément la personne intéressée, parle en son nom et veut lui faire acquérir un droit; il faut donc que ce droit qui ne peut résider sur la tête du gérant puisse immédiatement résider sur la tête du géré. »

Cependant, les auteurs précités ne se sont point laissés arrêter par cet argument qui, pour nous, est décisif; ils ont cherché à le réfuter de façons différentes.

M. Mornard raisonne de la façon suivante. L'assurance au profit de tiers même déterminés ne se conçoit pas si l'on n'y adjoint point une assurance subsidiaire. L'assuré joue deux rôles : 1° Il est gérant d'affaires et stipule au nom du tiers ; 2° Il intervient à l'acte en parlant en son propre nom et donne son consentement à l'assurance.

C'est cette assurance subsidiaire qu'il faut considérer lorsqu'il s'agit de tiers indéterminés. Avant la naissance de la personne incertaine, l'assuré est censé avoir stipulé pour lui. Il n'y a pas encore gestion d'affaires, cette dernière n'existera que du jour où la personne désignée sera existante et capable.

Des changements peuvent intervenir parmi les bénéficiaires. Ainsi, des héritiers peuvent se voir enlever cette qualité ; or, est-ce que la gestion d'affaires ne doit pas produire des effets définitifs, le droit du géré n'est-il pas acquis sans possibilité de révocation ?

Suivant M. Mornard, il n'en est rien. « L'assurance a assez de souplesse pour suivre toutes les variations qui peuvent survenir parmi les bénéficiaires et ne produire d'effets définitifs qu'au profit de ceux qui, à la mort de l'assuré, sont les bénéficiaires désignés... L'assurance est toujours, de sa nature, révocable ; l'assuré, maître de sa personne, est libre de faire profiter qui il veut de l'assurance destinée à compenser sa perte. » Si un nouveau bénéficiaire précédemment indéterminé vient à naître, les droits des

autres se trouveront réduits en partie et ils ne pourront pas se plaindre puisque le bénéfice qui leur
était attribué était essentiellement révocable.

A notre avis, cette argumentation pèche par sa
base. Il n'est pas vrai de dire que quand l'assuré
contracte comme gérant d'affaires, il y ait, jointe à
la stipulation faite au nom d'autrui, une stipulation
subsidiaire en son nom propre. Nous avons montré
que, dans notre hypothèse, l'assuré n'avait pas de
droit propre sur le capital et qu'il ne pouvait jamais
s'en attribuer le bénéfice.

Et, de plus, pour soutenir cette théorie jusqu'au
bout, il faut admettre que le droit du bénéficiaire
est révocable au gré du gérant. Nous ne reviendrons
pas sur cette question ; pour nous, les principes
mêmes de la gestion d'affaires s'opposent à ce qu'il
en soit ainsi.

Par une autre voie, M. Deslandres a essayé d'arriver au même résultat.

Pour lui, la gestion d'affaires n'a rien de définitif
jusqu'au décès de l'assuré, car dans notre hypothèse
la gestion ne porte pas atteinte au patrimoine du
géré ; le maître peut donc revenir sur son opération
et il sera censé l'avoir fait dès qu'une nouvelle personne répondra à la désignation inscrite au contrat, car telle est sa volonté.

Nous ferons deux reproches à cette théorie.

Le premier, c'est qu'elle repose encore sur la possibilité d'une révocation de la part du gérant. Sans doute nous admettons que la gestion n'a pas porté directement sur le patrimoine du stipulant, la *negotiorum gestio* dont il s'agit ici est subjective et est rendue utile par la ratification postérieure du géré, mais il n'y a pas de distinction à faire ; dans aucun cas, le maître ne pourra révoquer le bénéfice qu'il a fait acquérir.

En second lieu, n'y a-t-il pas une contradiction évidente chez ces auteurs, lorsqu'ils viennent parler, pour fortifier leur théorie, de la volonté et de l'intention des parties, eux qui se sont plu à nous montrer, justement d'ailleurs, que la gestion d'affaires naissait *ex facto* et que l'intention des parties ne pouvait créer les obligations réciproques?

L'assuré, gérant d'affaires, ne pourra donc pas conférer de droit propre au bénéficiaire indéterminé. Devra-t-on établir la même solution dans le cas d'une assurance ordinaire où l'assuré est considéré comme stipulant pour autrui?

Une jurisprudence à peu près constante décide qu'une assurance ne peut conférer de droit propre à un tiers, qu'autant que ce dernier est déterminé, sinon individuellement, du moins d'une façon telle qu'il ne puisse point y avoir de doutes[1]. Si l'on se

[1] Dans ce cas, le juge appréciera. C'est même sur ce pouvoir

trouve en présence d'une personne indéterminée ou future, le contrat ne pourra produire aucun effet.

Cette solution se base sur ce fait que l'indétermination du bénéficiaire empêche l'application de l'art. 1121. Nous pensons que ce système est trop rigoureux, nous allons essayer de le montrer [1]. Pour cela, nous examinerons successivement deux hypothèses : celle où le bénéficiaire est indéterminé quant à son individualité et celle où c'est une personne future qui est appelée à recueillir le capital stipulé.

D'après Demolombe [2], une personne indéterminée est celle « dont l'acte même de disposition ne détermine pas actuellement l'individualité et n'indique pas non plus aucun moyen, aucun événement par l'accomplissement desquels elle pourrait être plus tard déterminée ». Or, il n'est point douteux que ces personnes sont dans une situation telle qu'elles peuvent recueillir un legs; pourquoi donc

d'appréciation qu'il faut se fonder pour expliquer certaines décisions judiciaires qui seraient sans cela inconciliables avec le système de la jurisprudence. (Voir entre autres : *Trib. Seine,* 4 nov. 1889; *Le Droit,* 5 décembre 1889).

[1] Cf. sur cette matière les nombreux développements de M. Lefort, dans son *Traité de l'assurance sur la vie,* p. 245 et suiv., et l'ouvrage de M. Lambert : *Du Contrat en faveur des tiers,* p. 137 et suiv.

[2] Demolombe, *Donations et testaments,* nos 606 et 607.

ne pas étendre la même règle aux stipulations pour autrui? Il faut avant tout rechercher quel a été le but, quelle a été l'intention de l'assuré, s'il a entendu vouloir faire profiter le tiers d'un droit exclusif. Or, si ce tiers, non spécialement désigné dans la police, est par la suite déterminable, pourquoi ne pas accorder au juge le pouvoir de trancher la difficulté en se faisant l'arbitre de la volonté de l'assuré? Sa décision reposera uniquement sur l'intention des parties, loi suprême des contrats.

On m'objectera certes que l'assuré, en stipulant pour ses héritiers par exemple, a eu en vue une collectivité et que l'art. 1121 est inapplicable. Je conçois qu'il en soit ainsi lorsqu'il résulte des circonstances de la cause que la volonté de l'assuré a fait défaut, mais ici cette volonté ne manque pas, elle est simplement impuissante à se manifester, et pourquoi se refuser à sanctionner une pareille hypothèse? Il est évident qu'en contractant les parties ont prévu le cas où cette collectivité s'accroîtrait ou diminuerait. L'assuré (la jurisprudence le reconnaît à juste titre d'ailleurs) peut, tant que le tiers n'a pas accepté, lui retirer le bénéfice, se l'approprier ou changer de bénéficiaire. Ici, à l'inverse du gérant d'affaires, il est le maître de l'assurance et, s'il a stipulé au profit de ses héritiers, je ne vois rien qui puisse s'opposer à leur accorder un droit exclusif, quelle que soit la diminution qui survienne par la suite dans leur collectivité, pourvu toutefois qu'ils soient existants et capables au jour du contrat.

Enfin, il existe en matière d'assurance maritime et terrestre, une hypothèse analogue, celle de l'assurance *pour le compte de qui il appartiendra*. Cette assurance « crée un lien de droit non seulement entre les parties dénommées au contrat, mais encore entre l'assureur et tous les propriétaires présents ou futurs de la chose assurée ». Telle est la solution de la jurisprudence [1].

L'indétermination du bénéficiaire n'empêche donc point ce dernier d'avoir un droit personnel exclusif au capital assuré.

Faudra-t-il tirer les mêmes conséquences quand le bénéficiaire sera une personne future ?

La jurisprudence est absolument formelle sur ce point, jamais une personne future ne pourra profiter d'une stipulation faite en sa faveur. En effet, l'article 906 du Code civil exige pour pouvoir recevoir entre vifs que l'*accipiens* soit au moins conçu au jour de la donation. Et alors, poussant ce système jusque dans ses dernières limites, la jurisprudence se refuse à sanctionner directement une assurance au profit des enfants nés et à naître et n'établit aucune distinction

---

[1] Cass. 5 mars 88, S. 88, 1, 315.

(ce qui serait possible cependant) de façon à valider la stipulation à l'égard des enfants déjà existants [1].

Au fond, la jurisprudence déclare que les principes du droit s'opposent à ce qu'il en soit autrement, en est-il vraiment ainsi; les articles 725 et 906 du Code civil exigent-ils forcément pour qu'une personne soit titulaire d'un droit que cette personne existe au jour du contrat, ne peut-elle pas être désignée antérieurement à son existence?

Dans l'ancien droit la majorité des romanistes avait admis la capacité des non conçus. Comme opinion divergente on ne peut guère citer que celle de Nicolas Duval et les auteurs attestent que c'est une exception.

Dans les pays de coutume le principe généralement admis [2] était que les non conçus devaient être exclus de la succession *ab intestat*. Toutefois il ne faudrait pas voir dans cette règle l'application d'une idée générale, mais bien la conséquence de cette maxime coutumière : le mort saisit le vif. La condition nécessaire pour pouvoir être saisi, c'est précisément l'existence de l'*accipiens* au décès du *de cujus*. Voilà pourquoi les auteurs semblent bien limiter la règle aux successions.

---

[1] Besançon, 23 décembre 91, D. 92, 1, 112.

[2] *La Coutume de Normandie* toutefois donnait une solution différente.

Pourquoi donc en serait-il autrement de nos jours ? La situation semble exactement la même.

D'un côté nous avons l'article 725 du Code civil qui exige que l'*accipiens* soit existant au moment de l'ouverture de la succession. Le Code a suivi, à juste titre d'ailleurs, la jurisprudence fixée par le Parlement de Paris dans de nombreux arrêts. Mais nous estimons que c'est là une exception et qu'il faut la restreindre à notre matière. En effet, « pour qu'une transmission directe puisse s'effectuer entre le *de cujus* et son héritier, il faut que ces deux personnes aient coexisté, il n'est pas possible en effet qu'il y ait une lacune, un intervalle vide dans la propriété ; il n'en est plus de même lorsqu'il intervient entre le stipulant et le non conçu un tiers qui, déjà né à l'époque où le disposant meurt, existe encore au moment de la conception du bénéficiaire et a pu servir ainsi d'intermédiaire entre eux. La règle posée pour les successions n'a donc plus de raison d'être dans l'hypothèse où il existe une personne sur la tête de qui la propriété a pu se fixer, depuis l'instant où le stipulant a cessé d'être propriétaire, jusqu'à celui où le tiers l'est devenu[1]. »

D'un autre côté, on nous objecte l'article 906 qui étend la prohibition de l'article 725 aux personnes

[1] Lambert, *Du Contrat en faveur de tiers*, p. 139.

gratifiées dans un testament et aux donataires. Doit-on faire le même raisonnement en ce qui concerne les stipulations pour autrui?

Nous pouvons diviser notre article en deux parties, la première relative aux dispositions testamentaires et la seconde aux donations entre vifs.

Il est certain que les rédacteurs du Code ont innové lorsqu'ils ont édicté la première de ces dispositions. Mais il est clair qu'ils n'ont eu en vue que les legs. La raison en est bien simple. S'ils en avaient décidé autrement la propriété aurait été forcément en suspens pendant le temps qui se serait écoulé entre la mort du testateur et la conception du légataire. Voilà un état de choses fâcheux qui n'existe pas dans la stipulation pour autrui puisqu'il y a un intermédiaire de plus, le promettant.

Et maintenant plaçons-nous au point de vue des donations entre vifs. Il est certain que la règle établie vise les seules donations. En effet, nous avons un précédent historique. L'article 906 reproduit l'article 133 de l'ordonnance de 1539; or, il est certain que cet article 133 n'entendait point s'appliquer aux stipulations pour autrui.

Si l'on consulte des travaux préparatoires on ne trouvera rien qui puisse établir une prohibition en faveur des non conçus, et pourquoi supposer que dans la matière des stipulations pour autrui, le législateur ait entendu innover alors que des textes et une jurisprudence constante avaient établi la validité d'une stipulation faite au profit d'un non-conçu?

Donc, on ne peut s'appuyer sur les articles 725 et 906 pour dénier un droit propre aux personnes futures.

La jurisprudence invoque-t-elle encore d'autres motifs à l'appui de sa thèse? Oui ; il n'est pas possible, dit-elle, qu'un individu devienne titulaire d'un droit avant d'exister. « Certainement la stipulation ne peut pas conférer au tiers un droit définitivement acquis avant sa conception, mais ce tiers trouve, le jour où il vient au monde, un droit éventuel qui n'attendait que sa naissance pour prendre corps et qui pouvait tenir debout sans son intervention, puisqu'il sortait d'un contrat valablement formé entre deux autres personnes. La stipulation ne produira pas ses effets, c'est vrai, mais du jour où la naissance du tiers gratifié aura donné au sujet du droit la détermination qui lui manquait, le promettant se trouvera en vertu de la stipulation primitive obligé envers le bénéficiaire. »

Malgré tous ces arguments la jurisprudence n'a pas voulu jusqu'ici appliquer les principes de l'article 1121 au bénéficiaire d'une assurance lorsque ce dernier est une personne future. Nous croyons cependant que cette décision n'est pas définitive et qu'un revirement pourrait bien se produire [1]. Nous en avons déjà vu bon nombre de cas en cette matière. Ne croyait-on pas que la Cour de cassation avait décidé d'une façon définitive que le capital assuré devait compter pour le calcul de la réserve et de la quotité disponible? Et pourtant n'est-elle pas revenue sur ses décisions antérieures par le mémorable arrêt du 29 juin 1896?

[1] La jurisprudence ne ferait d'ailleurs que suivre dans cette voie les décisions des tribunaux étrangers.

Revenant sur des solutions antérieures, la jurisprudence allemande admet que l'assurance contractée au profit de la femme et des enfants, leur confère un droit personnel distinct de leur vocation héréditaire (*Ann. droit commercial*, 88, p. 142).

Il en est de même en Autriche (*Journal de Dr. intern. privé*, 77, p. 67).

La même solution semble bien admise en Belgique. Un droit exclusif est reconnu aux héritiers et ayants-droit de l'assuré en vertu d'une assurance souscrite à leur profit (*Journal de Dr. intern. privé*, 82, p. 553).

Enfin, en Angleterre, une loi du 9 août 1870 attribue à la femme le bénéfice de l'assurance contractée à son profit par son mari et aux enfants le bénéfice de l'assurance contractée par leur père. De plus, il a toujours été permis de passer le contrat en faveur de ses enfants nés et à naître, même antérieurement à son mariage (Cf. la note de M. Lefort, *op. cit.*, p. 250).

CHAPITRE II

DROITS ET OBLIGATIONS DU TIERS BÉNÉFICIAIRE.

Section 1

Nous nous plaçons ici uniquement dans l'hypothèse d'un tiers déterminé par le contrat. Il ne peut
en être autrement. Nous croyons du moins l'avoir
démontré.

L'effet principal du contrat sera de conférer au
tiers au nom duquel le gérant aura agi, un droit propre au bénéfice sous la condition toutefois de la
ratification.

Le contrat est intervenu, il est vrai, entre le gérant
et le promettant, mais le gérant n'était qu'un simple
intermédiaire, il a parlé au nom d'autrui. Une fois
cet acte accompli, il s'efface, laissant en présence
d'un côté le débiteur et d'un autre côté le géré qui,
s'il veut devenir créancier et profiter de la somme
stipulée en son nom, n'a qu'à ratifier l'opération faite
à son profit. Par l'effet rétroactif attaché à cette ratification le géré sera considéré comme ayant toujours
été armé d'un droit propre du jour du contrat.

Quand l'assurance sur la vie est une stipulation
pour autrui, le résultat est d'ailleurs le même. Mais
nous trouverons des divergences dans trois questions

subsidiaires que nous examinerons successivement.
Il s'agit de savoir : 1º si dans le cas d'une assurance
contractée par le mari au profit de sa femme le capital assuré tombera oui ou non dans la communauté ;
2º si, dans la même hypothèse, et pour le cas où le
mari est commerçant, les articles 559 et 564 du Code
de com. seront applicables ; 3º si le capital assuré sera
réductible et rapportable.

§ Iᵉʳ. *Le capital assuré tombe-t-il dans la communauté.* — Un mari agissant au nom et comme gérant
d'affaires de sa femme commune en biens, a stipulé
d'une Compagnie, moyennant le versement de primes déterminées, une certaine somme payable à sa
mort. Cette somme doit-elle être considérée comme
une valeur de communauté ?

On conçoît l'intérêt d'une pareille question. Si l'on
adopte l'affirmative, la femme ne pourra prétendre
à rien si elle renonce à la communauté ; si elle accepte, elle ne pourra en toucher que la moitié, et de
plus, elle ne sera payée qu'après le désintéressement
intégral des créanciers du mari et de la communauté.

Mais si la solution contraire est admise, il faut décider que la femme pourra réclamer entièrement le
bénéfice pour elle stipulé, même si elle renonce à la
communauté, et de plus, les créanciers du mari et
de la communauté seront écartés.

Que décider dans notre hypothèse ?

M. Labbé soutient que le capital assuré n'est pas une valeur commune. Voici quels sont ses arguments : « Les époux peuvent, avec l'argent de la communauté, sauvegarder, servir un intérêt propre, un intérêt placé de sa nature en dehors de la communauté. Ce que les époux ne peuvent pas faire, c'est faire pour eux un contrat principe d'une acquisition entièrement nouvelle... ils ne peuvent se créer arbitrairement des propres ; mais ils ne sont tenus de sacrifier aucun intérêt personnel, naturellement distinct de celui de la communauté. Ceci posé analysons le contrat d'assurance. Un époux qui s'assure un capital payable au décès de son conjoint, sauvegarde en sa personne un intérêt d'avenir, un intérêt d'existence après la dissolution de la communauté. Il se fait promettre une indemnité contre la chance que la communauté prématurément dissoute ne lui laisse pas de quoi vivre. Un tel contrat répond à des intérêts graves qui sont naturellement et non arbitrairement en dehors de la communauté. Ce qui prouve que ce contrat n'est pas de ceux qui doivent nécessairement profiter à la communauté, c'est que fait pour la communauté, il n'a plus le même sens, le même but, le même résultat. Il préserve alors contre la chance d'un décès prématuré, tous les ayants-cause de la communauté, notamment les créanciers de cette communauté. Il laisse en souffrance l'intérêt personnel de l'époux survivant. Or, est-il défendu à une femme qui peut en répudiant la communauté se dégager du passif de cette communauté de s'assurer, de se prémunir elle-même personnellement par une assurance contre le tort que lui cause le décès prématuré de son mari, lequel, quoique privé en mourant de sa fortune par des revers, aurait pu la faire subsister par son travail ? Non, sans doute. Les règles sur la composition de la communauté n'ont jamais eu pour but d'empêcher un contrat licite, de s'opposer à une combinaison honnête. Les créanciers de la communauté pour lesquels les époux ne sont pas tenus de contracter une assurance, ne sont-ils pas traités selon la justice si l'on compte dans la communauté, sous l'application de toutes les règles du droit commun, le montant des primes acquittées? Le reste du capital est fourni par la Compagnie en échange de chances qu'elle a consenti à courir en vertu d'un contrat complètement étranger aux créanciers[1]. »

Sans doute voilà des considérations très équitables. Il n'est pas douteux que telle soit l'intention des parties en contractant. Mais encore faut-il, pour qu'il en soit ainsi, se mettre d'accord avec les textes. Or, dans

[1] Sirey, 77 ; I, 393.

notre hypothèse de nombreuses objections s'élè-
vent.

Et d'abord tout le monde reconnaît que, par application de l'article 1401 1º, Code civil, toute créance
acquise par les époux pendant le mariage fait partie
de l'actif commun. A première vue cet argument
semble sans réplique. Néanmoins on a pu chercher
à en sortir car notre article *in fine* déclare qu'un
donateur peut empêcher la donation de tomber en
communauté, s'il fait une déclaration expresse à cet
égard. Donc le mari fera cette déclaration ou même
la sous-entendra et le problème est résolu. Nous
ne le croyons pas. Pour nous la restriction écrite
dans l'article 1401 ne peut concerner que les rapports
des époux et des tiers et non pas ceux qui naissent
entre les époux. L'article 1395 s'y oppose. Il est certain qu'un tiers donateur peut, par une déclaration
de sa volonté, rendre propre le meuble dont il a
gratifié l'un des époux. C'est une donation sous condition, et de la part d'un tiers cette condition n'a
rien d'illégal. Mais l'époux donateur ne pourra pas
manifester utilement une telle volonté. C'est que l'article 1395 pose le principe de l'immutabilité des conventions matrimoniales après la célébration du
mariage. Or la loi attribue au patrimoine de la communauté la créance de la femme contre la Compagnie; comment soutenir sans se mettre en contradic-

tion avec l'article 1395 que le mari pourra, par le seul fait de son autorité, créer un propre au moyen d'une valeur commune?

Et encore supposons qu'il en soit ainsi, que le mari, par faveur pour le contrat qu'il fait, puisse écarter de la communauté le capital stipulé, il faudra tout au moins que l'on considère ce capital comme une donation. Or, rien n'est plus controversable. Une donation suppose nécessairement l'appauvrissement du donateur. Or, qu'il en soit ainsi dans une assurance ordinaire, cela est évident, l'assuré s'appauvrit du montant des primes; mais lorsqu'il aura agi comme gérant d'affaires du tiers, il est censé ne les avoir avancées qu'à charge de restitution. La *negotiorum gestio* crée des obligations réciproques et entre autres, celles pour le géré d'indemniser le gérant des dépenses nécessaires qu'il a pu faire. Je sais bien qu'il peut y avoir donation des primes, mais cette donation sera soumise pour sa validité à toutes les conditions de forme des donations ordinaires. Et alors nous retombons dans les inconvénients signalés précédemment. Le capital assuré, libéralité indirecte, ne pourra pas être écarté de la communauté, même par la volonté du mari.

Il est vrai que certains auteurs ont prétendu que l'article 1437 du Code civil établissait une dérogation à l'article 1395 et que, sauf récompense à la communauté, aucune disposition ne défendait à un conjoint de constituer à l'autre un bien-propre avec une valeur commune. Voici l'argumentatiou proposée[1]. L'article 1437 n'est pas limitatif, il donne simplement des exemples et montre que dans ces exemples une récompense est due à la communauté. Cela se produira toutes les fois que l'un des époux aura tiré un profit personnel des biens de communauté. « Or l'acquisition d'un propre rentre bien dans le profit personnel prévu par la loi, puisque l'amélioration d'un propre, l'acquittement de dettes propres obtenues à l'aide de valeurs communes ont été prévues dans la première partie de l'article : sous cette formule large, *et généralement,* la fin du texte vise donc tous les cas non prévus, notamment l'acquisition d'un propre. »

Il nous semble impossible de tirer une telle conséquence de l'art. 1437, et nous trouvons dans M. Labbé lui-même la réfutation d'une pareille doctrine : « Les causes d'acquisitions qui, durant la communauté, font des propres, sont exceptionnelles et limitatives, dit cet auteur (S. 1877, 1393). » Il est certain qu'un époux, au moyen de deniers de la communauté et avec le consentement du chef de cette communauté, peut améliorer un propre ou le dégrever

---

[1] Voir à cet égard les conclusions de M. l'avocat général Bedarrides (D. 1877, 1, 244). Cf. Bazenet, *op. cit.*, p. 124.

d'une charge, mais ce qui est impossible aux époux, « c'est de faire pour eux personnellement un contrat principe d'une acquisition entièrement nouvelle ».

Nous pensons donc avoir démontré que si le mari, en souscrivant une assurance sur la vie au profit de sa femme, a agi comme gérant d'affaires, le capital assuré tombera dans la communauté, malgré l'intention des parties à cet égard. En sera-t-il de même quand le mari aura fait une assurance considérée comme une stipulation pour autrui ? Nous ne le croyons pas.

Les auteurs (et ils sont nombreux) qui ont admis cette dernière explication de l'assurance sur la vie au profit d'un tiers, se sont rendu compte de la nécessité qu'il y avait d'attribuer en propre à la femme le capital assuré. Les décisions judiciaires contraires à ce principe sont peu nombreuses [1]. Il n'en est pas de même de celles qui lui sont favorables [2]. Mais les explications fournies sont divergentes.

Le premier système se trouve très exactement résumé dans un arrêt de la Cour d'Amiens (Sirey 1, 337).

« Considérant, dit cet arrêt, que par le contrat d'assurances, T..., en échange de son obligation de payer les primes, acquérait contre la compagnie une

---

[1] Voy: Cass., 15 décembre 1873 ; S. 7, 41, 199. Caen, 6 décembre 1881, S. 83, 2, 33.

[2] Voy. Cass. Dans Sirey, 1877, 1, 393 ; 81, 1, 145 ; 85, 1, 5, etc.

créance ferme de 100.000 francs, dont l'époque du paiement était seule nécessaire, que cette créance acquise durant le mariage, sous le régime de la communauté d'acquêts, faisait évidemment partie du mobilier de la communauté.

Considérant qu'aux termes de l'article 1422 du Code civil le mari peut disposer des effets mobiliers de la communauté à titre gratuit et particulier au profit de toutes personnes pourvu qu'il ne s'en réserve pas l'usufruit.

Considérant que la généralité des termes employés implique le droit pour le mari de disposer à titre gratuit des dits effets mobiliers au profit de sa femme aussi bien qu'au profit d'un tiers, sauf bien entendu la faculté pour lui de révoquer la disposition jusqu'à la dissolution du mariage. »

Au fond tout ceci se résume à décomposer le contrat en deux. Il y a d'abord acquisition par la communauté du capital assuré. C'est une conséquence de l'article 1401. Ensuite, il y a transmission en faveur du conjoint bénéficiaire. Le mari use alors des pouvoirs qui lui sont conférés par l'article 1422. « Voilà comment on peut dire qu'à la dissolution le capital assuré ne fait pas partie de la communauté puisqu'il en est sorti [1]. »

---

[1] Dumaine, *Du contrat d'assurance sur la vie et des droits de mutation par décès auquel il donne lieu*, p. 99.

Cette théorie est loin de nous satisfaire. Il faut tout d'abord remarquer que le capital assuré est forcément entré dans la communauté. Il en est ressorti c'est possible, mais l'acquisition et la transmission sont deux choses distinctes, successives, qui ne peuvent pas se réaliser en même temps. La somme due par la compagnie a donc été commune, fût-ce un instant de raison. Et alors si la femme accepte la communauté, les créanciers de cette dernière prétendront à juste titre que le capital assuré était devenu pour moitié leur gage commun ; de plus, il devra compter dans le patrimoine du mari pour calculer la quotité disponible puisque c'est là une libéralité.

Pourra-t-on soutenir, en outre, que l'intention du mari ait été de disposer à titre gratuit à l'égard de sa femme d'un acquêt de communauté ? C'est là une supposition toute gratuite et dont la solution ne pourra dépendre que de l'appréciation du juge.

Enfin les principes mêmes de l'assurance sur la vie qui veulent que le contrat soit définitivement fixé après l'acceptation du bénéficiaire, reçoivent là une rude atteinte puisqu'on est obligé de reconnaître au mari le pouvoir de révoquer le bénéfice jusqu'à la dissolution du mariage.

A notre avis, le défaut principal de cette théorie c'est de voir dans l'assurance une libéralité indirecte. C'est là une fausse conception. Il n'y a pas de libéralité involontaire. Celui qui souscrit une assurance sur la vie n'a qu'un but : rendre nul ou amoindrir dans la mesure du possible le dommage que sa mort causera aux êtres qui lui sont chers. Sans doute l'assurance peut aboutir à réaliser un gain, mais elle a pour but principal, immédiat, d'éviter une perte. C'est un contrat d'indemnité.

Nous nous plaisons à reconnaître que la jurisprudence tend de plus en plus à sanctionner sous cette forme notre contrat.

La somme touchée de la compagnie représente l'homme capital disparu.

Partant de ces principes, on a cherché à expliquer de différentes façons les effets spéciaux qu'une assurance sur la vie au profit d'une femme commune doit équitablement produire.

Une première théorie a été brillamment soutenue par M. Mornard[1]. Il est vrai que l'auteur considère le mari comme agissant toujours comme *negotiorum gestor* de sa femme, or, nous avons montré que, dans ces circonstances, le contrat ne pouvait pas avoir le caractère de contrat d'indemnité. En effet, la somme touchée par la veuve ne représentera pas la valeur plus ou moins approximative, mais néanmoins connue à l'avance de son mari disparu ; ce

---

[1] *De l'assurance sur la vie*, p. 264.

sera seulement une différence entre cette valeur et le montant des primes versées, somme absolument variable, quelquefois presque nulle et ne pouvant jamais être considérée comme représentant un capital perdu.

Néanmoins cette théorie, qui part uniquement de ce principe que l'assurance sur la vie est un contrat d'indemnité, a été par la suite soutenue et plus exactement appliquée à l'assurance, stipulation pour autrui[1].

Dans toute assurance, l'indemnité doit remplacer la valeur détruite. Donc le capital qui représente cette valeur doit être propre ou commune selon que l'objet qui n'existe plus était propre ou commun. L'homme est un capital. Sous le régime de communauté dans quel patrimoine fera-t-on rentrer ce capital? Sera-ce un propre de la femme ou une valeur de communauté? « L'homme sera ce que bon lui semblera ; après avoir manifesté l'intention d'être considéré comme un élément du patrimoine commun en souscrivant par exemple une assurance à son ordre, il peut revenir sur cette décision, changer de volonté et se considérer comme un élément du patrimoine propre du conjoint. »

Le point de départ de cette théorie est parfaitement exact. L'objet de l'assurance, c'est la vie

---

[1] Voy. *Journal des Assurances*, 1883, p. 105, 1886, p. 493.

humaine considérée en elle-même. Mais peut-on
soutenir que l'homme, en tant qu'il représente un
capital, constitue sous le régime de communauté
un propre de la femme? Car c'est là ce qu'il faut démontrer. Je conçois fort bien qu'en cas d'incendie,
la somme due par la compagnie soit subrogée à
l'immeuble propre qui a été détruit, il ne peut y
avoir de doute et l'assimilation serait nécessaire s'il
était possible de soutenir que l'homme-capital est un
bien propre. C'est ce qui nous semble difficile à
admettre. Les parties, lorsqu'elles ont fait leur contrat de mariage, n'ont certainement pas prévu cette
éventualité, mais de plus la condition des biens doit
être fixée au jour du mariage, elle ne peut être
changée dans la suite; or, M. Mornard reconnaît que
l'homme pourra tantôt se considérer comme un
élément du patrimoine commun, tantôt comme faisant partie du patrimoine propre du conjoint. Il est
difficile d'admettre une pareille solution sans violer
la règle de l'immutabilité des conventions matrimoniales.

Nous reconnaissons qu'il y a là une impasse dont
il est peu commode de sortir. L'équité demande à
ce que le capital assuré ne tombe point dans la
communauté et l'application directe des principes
semble conduire à un résultat opposé si l'on ne
déforme point les textes.

Nous croyons toutefois que certains auteurs et bon nombre de décisions judiciaires [1] ont trouvé une solution qui, sans nous satisfaire complètement, arrive directement au but cherché.

Il faut refuser au contrat d'assurance sur la vie le caractère de libéralité, mais on doit reconnaître qu'il a pour objet la réparation d'un préjudice. Dans notre hypothèse, pendant le mariage il n'y a pas de préjudice, le dommage ne peut naître qu'à la dissolution du mariage par la mort du mari. Or, le capital assuré est une indemnité représentative du dommage. Donc la créance de la femme bénéficiaire ne naît qu'à la mort du mari et par l'effet même de cette mort.

Ce système n'a pas été sans soulever de graves objections. Elles ont été résumées très nettement par M. Thaller dans une note de Dalloz (1888, 2, 3). « Cela paraît contraire à une saine conception juridique des choses. De tout contrat naît une obligation dès à présent existante ; l'obligation peut être conditionnelle, à terme certain ou incertain, cela ne

[1] Voir à cet égard le *Journal des assurances*, année 1886, p. 489 et 550, et plusieurs décisions judiciaires rapportées dans ce journal année 1885, p. 227, 529, 547. Cf. un arrêt de la Cour de cassation (D. 85, 1, 150). La Cour de cassation, après bien des hésitations, s'y est d'ailleurs ralliée sans aucun doute, c'est ce qui ressort clairement de l'arrêt du 29 juin 1896 (S. 96, 1, 261).

l'empêche pas de constituer une dette actuellement formée ; la condition, plus tard, la fera rétroagir ; l'apposition du terme en suspend simplement l'exigibilité. Il faut bien que la somme assurée repose en tant que créance sur la tête du stipulant ou du tiers, dès avant l'échéance de la police, ou dans le vide elle se perdrait. »

Nous pensons qu'il n'y a là qu'une pure confusion de mots. Il y a deux choses à distinguer : la naissance du droit et la naissance du capital. Il est certain que dans toute obligation, soit à terme, soit conditionnelle, le droit naît du jour du contrat. C'est en ce sens que l'on dit que l'art. 1121 confère, dès l'instant de la signature de la police, un droit propre au bénéficiaire désigné.

Mais il est inexact de dire que le capital naît aussi du jour du contrat. La somme due représente une indemnité destinée à réparer un dommage ; cette somme ne pourra prendre naissance qu'autant que le dommage existera. Cela me semble absolument résulter de la saine logique des choses et de l'intention des parties. Une indemnité ne peut être due qu'autant qu'il y a préjudice, et si l'on admettait que le capital naît dès l'instant de la signature de la police, il y aurait forcément cumul de deux choses qui ne peuvent coexister.

Mais, de plus, la somme promise est le résultat

d'une capitalisation graduelle des primes perçues ; elle ne se forme que par l'encaissement de tous les versements qui doivent l'alimenter, y compris le dernier qui viendra peut-être à échéance la veille de la mort de l'assuré. Il ne faut pas oublier que l'assurance se décompose en une série de contrats annuels qui peuvent toujours être renouvelés aux conditions prévues dans le premier contrat. « C'est donc une erreur de croire que le droit du bénéficiaire s'analyse dès le début en une créance égale au capital, en la considérant comme une créance ferme, définitivement acquise et payable à un terme incertain. La femme bénéficiaire n'acquiert un droit ferme au capital assuré, que le jour du décès de son mari, puisque jusque-là celui-ci a pu, à son gré, réduire à néant les promesses qu'il a faites en cessant de payer la prime annuelle. »

Cette doctrine à laquelle on a seulement pu reprocher la subtilité de ces distinctions, a le grand mérite de produire des conséquences les plus équitables, tout en restant à la fois très juridique.

Les législations étrangères [1] n'ont pas hésité à trancher la question par une disposition législative. Il serait souhaitable qu'il en fût de même en France.

[1] Voir entre autres l'article 10 de la loi du 9 août 1870 pour l'Angleterre et l'article 43 de la loi du 11 juin 1874 pour la Belgique.

Dans ce paragraphe nous nous sommes uniquement occupés de la femme commune en biens. Sous les autres régimes, il ne peut y avoir de controverse. En effet les patrimoines des époux sont nettement distincts. Donc que le mari agisse comme gérant d'affaires ou par application de l'article 1121, il faudra décider, dans les deux cas, que le conjoint bénéficiaire aura un droit propre exclusif sur le capital assuré.

§ 2. — *Les articles 559 et 564 du Code de commerce seront-ils applicables quand une assurance sur la vie aura été contractée par le mari commerçant au profit de sa femme ?*

L'article 564 décide que « la femme dont le mari était commerçant à l'époque de la célébration du mariage ou dont le mari, n'ayant pas alors d'autre profession déterminée, sera devenu commerçant dans l'année qui suivra cette célébration, ne pourra exercer dans la faillite aucune action à raison des avantages portés au contrat de mariage, et dans ce cas les créanciers ne pourront de leur côté se prévaloir des avantages faits par la femme au mari dans le même contrat. »

L'article 559 dispose : « Sous quelque régime qu'ait été contracté le mariage, la présomption légale est que les biens acquis à la femme du failli appartiennent à son mari, ont été payés de ses deniers et doivent être réunis à la masse de son actif, sauf à la femme à fournir la preuve du contraire. »

Voici l'hypothèse à prévoir. Un mari commerçant lors de la célébration du mariage ou qui l'est devenu dans l'année souscrit une assurance sur la vie au profit de sa femme. Il déclare agir au nom et comme gérant d'affaires de cette dernière ; il meurt en état de faillite. Les créanciers devront-ils compter sur le capital assuré ?

Une première distinction est nécessaire.

La question ne peut pas se poser lorsque les époux se sont mariés sous le régime de la communauté. Nous avons vu en effet que le capital d'une assurance contractée par le mari gérant d'affaires de sa femme tombait dans le patrimoine commun. Cette situation donnera lieu au règlement suivant.

Si la femme renonce à la communauté (et ce sera le cas le plus fréquent) les créanciers du mari s'approprieront en totalité le capital assuré. Si, par exception, la femme accepte, les créanciers du mari ne saisiront dans le patrimoine commun que la moitié du capital assuré ; puis, ils viendront à titre de créanciers de la communauté exercer leur droit de gage sur l'autre moitié recueillie par la femme comme co-partageante.

Les articles 564 et 559 n'auront donc pas à recevoir leur application.

Supposons maintenant que les époux aient adopté un autre régime matrimonial. Alors en principe, il faut reconnaître à l'époux bénéficiaire un droit personnel au capital assuré. Mais en raison de la qualité de commerçant du souscripteur des règles spéciales ont été édictées.

Et d'abord tomberons-nous sous l'application de l'article 564 ?

Cet article vise les libéralités qui auraient été faites dans le contrat de mariage par le mari à sa femme. Tout le monde reconnaît que cette disposition s'applique également aux donations faites pendant le mariage.

La question à résoudre, c'est de savoir si l'on peut considérer le capital assuré comme formant l'objet d'une libéralité du mari à sa femme.

Nous nous sommes déjà expliqués à ce sujet. Nous avons dit que toute personne agissant comme gérant d'affaires et souscrivant une assurance au profit d'un tiers désigné ne pouvait jamais être considérée comme faisant une donation. La nature de notre quasi-contrat répugne à ce qu'il en soit ainsi. Le gérant ne s'appauvrit pas puisque les primes qu'il a payées lui seront restituées. Je sais bien que l'assuré a pu faire donation de ces primes qu'il a versées.

Alors seulement cette donation tombera sous le coup de l'article 564. Il est évident qu'il n'y aura libéralité que dans cette mesure et il faut remarquer que, dans les deux cas, les créanciers ne pourront prétendre qu'au montant des primes.

Il n'est pas possible non plus de soutenir que le capital assuré tombe sous le coup de l'article 559. La loi présume que les biens de la femme ont été payés des deniers du mari, mais elle réserve la preuve contraire. Ce que la loi a voulu punir c'est une opération mensongère simulée, « une acquisition faite en réalité par le mari, mais déclarée faussement faite par la femme et payée des deniers de celle-ci ». Dans notre hypothèse, il n'en sera jamais ainsi et la preuve en sera facile à faire ; l'acquisition est propre à la femme, le mari est un intermédiaire qui disparaît une fois le contrat formé mais qui l'alimente par le versement régulier des primes. Ce seront ces primes qui, dans tous les cas, seront seules restituées.

Supposons maintenant que le mari n'ait point pris la qualité de gérant d'affaires. Il a purement et simplement stipulé pour autrui par application de l'article 1121 du Code civil.

Il faut également distinguer suivant les régimes matrimoniaux, mais à l'inverse de l'hypothèse précédente, les résultats obtenus seront identiques.

Lorsque les époux ne seront pas mariés sous le

régime de la communauté, l'assurance sur la vie devra produire les mêmes effets que si elle était conclue entre personnes étrangères. « D'après l'article 1121, la créance du capital assuré naît directement sur la tête de la femme bénéficiaire et non pas sur la tête du mari stipulant. Il en résulte que la libéralité faite par le mari ne peut avoir pour objet le capital assuré, et que l'article 564 ne peut atteindre ce capital. Si le mari a donné quelque chose, il a donné seulement les primes qui ont servi à alimenter l'assurance. La femme ne peut donc devoir compte à la masse que du montant des primes payées [1]. »

Plaçons-nous maintenant sous le régime de la communauté. La solution dépendra du système que l'on adoptera.

Nous avons dit que certains auteurs décomposaient le contrat d'assurances au profit de la femme commune en deux éléments. Il y a d'abord acquisition du capital par la communauté, comme conséquence de l'article 1401, puis le mari l'en fait sortir à titre de libéralités en vertu des pouvoirs qui lui sont conférés par l'article 1422. Nous avons critiqué et montré les inconvénients d'un pareil système.

Si on l'admet, il est impossible de ne pas recon-

---

[1] Bazenet, *op. cit.*, page 248.

naître au capital assuré le caractère de libéralité, et alors l'article 564 sera applicable. Le capital est entré dans la communauté.

Il en est ressorti, dit-on, mais encore est-il vrai qu'il a fait partie, pendant un temps plus ou moins long, du patrimoine commun, c'est là que le mari l'a pris pour en faire donation à sa femme ; cette libéralité est bien de celles prévues par l'art. 564 ; le montant de ce que la femme a touché doit être rapporté à la masse.

Sur cette matière, la Cour de cassation a changé plusieurs fois sa jurisprudence. Jusqu'en 1881, elle avait déclaré que les art. 564 et 559 n'étaient pas applicables dans notre hypothèse. Cela pouvait surprendre, car ses arrêts proclamaient que l'assurance sur la vie était non pas un contrat d'indemnité, mais une pure libéralité. Aussi, étant donnée cette conception, revint-elle avec juste raison sur ses décisions antérieures. Par un arrêt du 2 mars 1881, elle jugea que le montant de l'assurance sur la vie devient, après le décès et la mise en faillite, la propriété des créanciers, sans que la veuve puisse se prévaloir de l'attribution faite à son profit. On pouvait croire cette jurisprudence définitive. Aussi, a-t-on été surpris de voir la Cour de cassation changer encore une fois d'avis. Par deux arrêts rendus en 1888, le premier du 22 février (S. 88, 1, 130), et le second du 7 août (S. 89, 1, 97), elle déclara que les art. 559 et 564 Code de com., ayant pour but de conserver aux créanciers les valeurs distraites à leur détriment, il n'y avait pas lieu d'appliquer ces textes à l'assurance contractée directement pour la femme, puisque le bénéfice n'a jamais fait partie du patrimoine de l'assuré et que l'avantage créé au profit de la femme n'appartient pas plus aux créanciers du failli qu'au failli lui-même.

Au fond, dans ce système, on invoque l'équité pour contrebalancer l'influence des textes. Sans doute, l'intérêt du bénéficiaire est à considérer, et l'intention du mari a été de stipuler uniquement pour sa femme et non pas pour ses créanciers; mais l'équité n'a jamais pu abroger un texte. L'art. 564 vise toute libéralité, pourquoi ne pas l'appliquer à l'assurance? Pourrait-on soutenir que la femme ne doive, en aucun cas, souffrir de la faillite de son mari? L'esprit du Code, au contraire, n'est-il pas de restreindre et de diminuer, au moyen des art. 564 et 559, les nombreux privilèges que la loi accorde à la femme par ailleurs?

Aussi, la Cour de cassation a vu qu'il y avait là une impasse et que, pour en sortir, il fallait abandonner le principe de la libéralité. C'est ce qu'elle a fait par un arrêt du 29 juin 1896 (S. 96, 1, 361). Elle a décidé que le capital assuré ne naît qu'à la dissolution du mariage et par le fait même de la mort du mari.

Alors tout se simplifie. En ce qui concerne l'article 564, le mari n'a point fait de libéralité puisqu'il n'a pu donner la créance d'un capital qu'il n'avait pas et qui, d'ailleurs, ne peut jamais être envisagé comme une donation, mais seulement comme la réparation du préjudice.

On ne peut invoquer l'article 559, puisque le capital dû à la femme n'est pas né pendant le mariage.

L'intérêt des parties et les exigences du Code sont ainsi conciliés. Il ne reste plus qu'une chose à souhaiter, c'est que la Cour de cassation, au point où elle en est arrivée de son évolution, dise nettement que le contrat d'assurance sur la vie est un contrat d'indemnité [1].

§ III. — *Faudra-t-il appliquer au contrat d'assurance sur la vie les règles concernant le rapport et la réduction?*

Le but et l'effet direct du contrat d'assurance, c'est

[1] Toutes les législations étrangères admettent un droit propre au profit de la femme, primant les créanciers du mari. Voir pour l'Angleterre la loi du 9 août 1870, pour les Etats-Unis, une sentence de la Cour suprême (*Journ. des Assurances*, 89; 4, 88), pour la Belgique, l'article 43 de la loi du 11 juin 1874. Pour la Suisse, une décision du Tribunal de Genève (*Sem. jud.*, 1879, 714).

de conférer au tiers désigné un droit propre au capital. Personne ne peut contester la validité de l'acte pris en lui-même. D'un autre côté, la loi, par mesure de protection et dans l'intérêt de la famille, a établi des limites à la faculté de disposer. Certains héritiers peuvent, lorsqu'une libéralité a été faite soit à un tiers, soit à l'un d'eux, exiger sous certaines conditions le rapport ou la réduction, par application des articles 913, 920 et suiv., 843 et suiv. du Code civil.

Ces dispositions seront-elles applicables au contrat d'assurance ? On conçoit que dans la pratique, cette question offre un intérêt considérable.

Pour trouver plus facilement la solution, nous diviserons ce paragraphe en deux parties. Nous examinerons successivement :

1o Le cas où l'assurance est souscrite par le mari au profit de sa femme ;

2o Le cas où l'assurance est passée au profit d'une autre personne que le conjoint.

1o Le mari prenant la qualité de gérant d'affaires a souscrit une assurance au profit de sa femme. Que se passera-t-il ?

Nous ferons d'abord remarquer que la question qui nous préoccupe ne peut pas se poser lorsque le régime matrimonial adopté par les époux est celui de la communauté.

Dans ce cas, en effet, le capital assuré tombera dans la communauté. A la dissolution du mariage, un partage aura lieu entre la femme et les héritiers du mari. La somme due par la Compagnie vertira pour moitié au profit de chacun d'eux, sauf bien entendu les droits des créanciers du mari et de la communanté.

Mais la solution sera différente si les époux en se mariant ont adopté un tout autre contrat. Les patrimoines sont alors nettement séparés. Or, le rapport et la réduction peuvent être prescrits uniquement lorsqu'il y aura donation. « Toutes les fois qu'il apparaîtra au juge que le bénéfice conféré au tiers ne constitue pas une libéralité, il échappera à l'application des règles sur la réduction et le rapport. »

Or, y a-t-il libéralité dans notre hypothèse ? Nous l'avons toujours nié. Le mari gérant d'affaires rend un service mais il ne s'appauvrit pas. Sans doute, il paie les primes de ses deniers, mais ce qu'il aura déboursé sera restitué. Le droit commun accorde l'action *negotiorum gestorum contraria* pour répéter contre le géré le montant des frais de la gestion.

S'il n'y a pas appauvrissement du donateur, il ne peut pas y avoir libéralité et alors les règles concernant le rapport et la réduction ne recevront point leur application.

Quelquefois, cependant, il peut y avoir donation.

Le gérant par intérêt d'affection pour le bénéficiaire a renoncé aux primes qu'il a versées ; cette donation exigera pour sa validité les conditions de forme du droit commun. S'il en est ainsi, il y aura évidemment dans cette mesure une libéralité, mais elle n'excédera pas le montant des versements. Au point de vue personnel du gérant, il n'y a aucune corrélation entre le capital promis et les primes versées. Une fois le contrat formé, le gérant disparaît, il n'y a plus qu'un débiteur, la compagnie et un créancier, le géré. Si le gérant paie les primes, c'est qu'il est obligé en vertu du quasi-contrat qu'il a fait naître volontairement. Peu lui importe que la somme pro mise soit le résultat d'une capitalisation graduelle de ses versements. S'il a renoncé à se prévaloir du remboursement des frais qu'il était obligé de faire, il y aura donation, mais seulement dans la limite de ce qu'il aura déboursé. Et alors dans cette mesure, les dispositions législatives concernant le rapport et la réduction s'appliqueront.

Qu'arrivera-t-il si le mari a souscrit l'assurance conformément à l'article 1121?

Jusqu'en 1896, une jurisprudence constante décidait que l'assurance sur la vie devait être soumise aux règles concernant le rapport et la réduction.

Etant donnée la conception que la Cour suprême

se faisait du contrat d'assurance, cette décision était équitable.

En effet, d'après elle, notre contrat constitue une libéralité. Les règles de droit commun sont applicables, soit qu'il s'agisse d'assurer l'égalité des partages entre cohéritiers ou de déterminer à l'égard des réservataires, légataires et donataires le montant de la réserve ou de la portion disponible. Si les effets du contrat d'assurance doivent correspondre aux intentions de ceux qui les forment et permettre au stipulant d'assurer à la personne désignée le bénéfice du contrat, il ne peut cependant se faire qu'à l'aide de l'assurance sur la vie le mari puisse porter atteinte aux décisions de la loi.

La Cour de cassation est revenue sur sa jurisprudence par un arrêt du 29 juin 1896. C'est que la situation est bien changée. La Cour ne considère plus le bénéfice accordé à la femme comme une libéralité de son mari. Elle ne dit pas en propres termes que l'assurance constitue un contrat d'indemnité, mais elle le laisse sous-entendre, « attendu, dit l'arrêt, que le droit est personnel, au tiers bénéficiaire, ne repose que sur sa tête, et ainsi ne constitue pas une valeur de succession ; qu'en effet le capital assuré n'existe pas dans les biens du stipulant, et que d'un autre côté le contrat n'en attribue à celui-ci ni le bénéfice personnel, ni la disposition, que de plus *le capital ne se forme et ne commence d'exister que par la mort du stipulant.* »

Mais c'est là précisément et en propres termes ce que nous n'avons cessé de dire. Si le capital assuré ne peut pas se former avant la mort du stipulant, c'est qu'il est destiné à réparer un préjudice, c'est un contrat d'indemnité. Et alors on comprend fort bien que la somme due par la Compagnie ne constitue pas une valeur successorale à laquelle on appliquerait les règles du rapport et de la réduction.

2º L'assurance est passée au profit d'une autre personne que le conjoint.

Les solutions précédentes vont nous rendre plus facile la réponse.

Si c'est un gérant d'affaires qui a contracté, il ne peut être question de réduction puisqu'il n'y a pas libéralité, de même le rapport ne sera pas dû par le bénéficiaire à son cohéritier. Quant aux primes, elles seront restituées à la masse dans presque tous les cas. Il ne pourrait y avoir exception que si l'assuré gérant en avait fait donation au tiers géré avec dispense de rapport. Cette dispense de rapport ne pourra pas être présumée, elle devra faire l'objet d'une clause expresse. On ne saurait en effet appliquer ici l'art. 852 du Code civil.

Si l'assuré n'a pas agi en qualité de gérant d'affaires, nous remarquerons également ici deux phases dans la jurisprudence. Jusqu'en 1896 considérant l'assurance comme une libéralité, elle devait admettre l'application des articles 920, 921, 922... et 843. Mais depuis elle a reconnu que le capital assuré ne naissait qu'à la mort du souscripteur et par le fait même de cette mort. Les dispositions concernant la réserve et le rapport ne sont donc plus applicables [1].

Section II.

Il nous reste encore pour terminer cette étude à examiner deux questions subsidiaires. Il s'agit de savoir quels seront les effets que nous attacherons à la ratification de l'assuré gérant d'affaires, à quel moment elle doit intervenir. Nous établirons ensuite une règle générale en matière de restitution des primes.

La ratification c'est l'acte par lequel le géré déclare vouloir profiter de la gestion faite à son profit. Pour qu'une gestion soit valable et produise ses effets, il est de toute nécessité qu'elle soit utile pour le géré.

[1] Les législations étrangères décident presque unanimement que le rapport et la réduction n'auront pas lieu pour le montant du capital assuré. Les règles successorales ne recevront leur application que dans la mesure des primes versées. Voir Belgique, art. 43, loi du 11 juin 1874; Italie, art. 453, Code de commerce; Portugal, art. 460, Code de commerce.

Cette utilité peut exister et se concevoir *ipso gestu*. L'affaire qui a été faite a visé directement le patrimoine du géré, mais dans notre hypothèse, ce n'est pas le cas ; l'utilité du *negotium* ne pourra se déduire que si le maître la constate. Tel sera l'objet de la ratification.

L'effet direct et immédiat de la ratification c'est sa rétroactivité au jour du contrat. Donc, lorsque le maître aura ratifié, il sera considéré comme ayant toujours eu un droit propre et personnel du jour du contrat et en vertu de ce contrat. Cet effet est de la plus haute importance en matière d'assurance sur la vie et c'est là certainement la raison qui avait poussé les auteurs à étendre d'une façon générale à l'assurance les principes de la *negotiorum gestio*.

Lorsque le souscripteur de la police aura pris la qualité de gérant d'affaires, la ratification du bénéficiaire consistera dans sa déclaration à la compagnie qu'il entend profiter du capital assuré.

Enfin il est certain que la ratification peut intervenir à toute époque, même après la mort du gérant.

Si nous comparons cette ratification à l'acceptation du tiers dans une stipulation de l'article 1121, on voit qu'il y a beaucoup de points de ressemblance. L'acceptation non plus ne crée pas le droit et nous avons montré qu'elle pouvait intervenir après le décès du stipulant.

Toutefois on peut relever une légère différence.

Dans la gestion d'affaires, le droit du géré est irrévocable du jour même de l'acte fait à son profit ; le gérant ne peut pas, par un changement de volonté, empêcher le bénéficiaire qui ratifie postérieurement de faire sien le contrat.

Au contraire la stipulation pour autrui de l'article 1121 est révocable au gré du stipulant. L'effet de l'acceptation c'est d'empêcher la révocation postérieure et par l'effet rétroactif qu'on y attachera de faire considérer le droit comme ayant toujours été irrévocable.

On peut donc dire que la ratification et l'acceptation sont absolument inutiles pour faire naître le droit, mais elles diffèrent en ce sens que la première ne fait que constater l'utilité de l'opération et la seconde a pour effet d'empêcher sa révocation postérieure.

Parlons maintenant de la restitution des primes.

S'il s'agit d'une gestion d'affaires, la solution est simple.

En principe, les primes seront toujours restituées. C'est une conséquence de l'article 1375 du Code civil. Le maître doit rembourser au gérant toutes les dépenses utiles ou nécessaires qu'il a faites.

D'un autre côté le gérant est libre de faire donation au géré de tout ce qu'il aura déboursé pour lui. Cette donation sera soumise aux conditions de forme de droit commun. Dans ce cas les primes ne seront pas restituées. Il pourra se faire cependant qu'exceptionnellement la loi ordonne cette restitution. Nous en avons vu des exemples dans la section précédente.

Si l'assurance sur la vie a été conclue conformément à l'article 1121 le principe est complètement différent.

En effet la règle générale est qu'il n'y aura pas lieu à la restitution des primes.

Cependant pour certains cas particuliers, il y a eu controverse.

On s'est demandé si, pour le cas où une assurance était contractée par le mari au profit de la femme pendant le mariage, il n'y avait pas lieu à la restitution du montant des primes à la communauté.

A notre avis, qu'on envisage le contrat d'assurance comme une libéralité, ou comme un contrat d'indemnité, il n'y a pas lieu à récompense[1].

Cela est évident pour la seconde hypothèse. L'assurance est alors destinée à réparer un préjudice. Ce préjudice est compensé par la valeur du capital assuré. S'il y avait restitution des primes, la somme que toucherait la femme serait incertaine dans sa quotité, quelquefois presque nulle, en tous cas ne

---

[1] C'est d'ailleurs la solution de la jurisprudence la plus récente (Paris, 5 mars 1886. *Journ. des assur.*, 86, 269 ; Douai, 14 février 87, S., 88, 2, 49).

pourrait jamais être considérée comme la réparation d'un dommage.

Si l'on voit dans l'assurance une libéralité, de deux choses l'une : ou bien les primes ont été payées de deniers personnels du mari, chacune d'elles constitue alors une donation d'une somme d'argent, un don manuel ; ou bien les primes ont été payées des deniers de communauté. « La situation est alors régie par l'article 1422 du Code civil accordant au mari le-droit de disposer des effets mobiliers de la communauté à titre gratuit, à la condition de ne pas s'en réserver l'usufruit, article indubitablement applicable à l'assurance-vie entière dont le bénéfice ne doit jamais être recueilli par le souscripteur[1]. »

Lorsque le mari est commerçant et tombe en faillite, nous avons vu que si l'on considère le contrat d'assurance comme contrat d'indemnité, les créanciers ne pourraient prétendre en aucune façon au capital assuré.

Ne peuvent-ils pas tout au moins demander la restitution des primes ? L'argument que nous venons de faire valoir conduirait à repousser cette prétention. Cependant ici le cas est différent. Nous avons dit que l'esprit du Code semble vouloir restreindre les privilèges de la femme en présence de la faillite du mari. Les primes payées par ce dernier sont

[1] Lefort, *op. cit.*, 2, 366.

peut-être d'une importance très grande, elles ont pu contribuer dans une large mesure à l'appauvrissement du souscripteur. Il serait souverainement injuste que les créanciers soient frustrés de cette valeur, aussi approuvons-nous hautement un arrêt de la Cour de cassation du 22 février 1888 (S. 88 ; 1, 130) qui décide que la restitution des primes aura lieu « suivant les circonstances ». Ce sera une question d'appréciation de la part du juge.

Enfin nous avons vu que le contrat d'assurance, contrat d'indemnité, n'était pas soumis aux règles concernant le rapport et la réduction. Y aura-t-il tout au moins rapport ou réduction en ce qui concerne le montant des primes ?

En principe, non. Les primes ont été prélevées sur les revenus, les revenus sont destinés à être dépensés ; les héritiers ne peuvent prétendre que l'assuré était tenu de les capitaliser, que par conséquent en en disposant en vue d'une assurance sur la vie, il a diminué son actif.

Mais, si les prélèvements effectués sur les revenus avaient été excessifs, nous pensons que la règle édictée plus haut serait applicable et que le juge, suivant les circonstances, pourrait ordonner que la réduction soit effectuée ou que le montant soit rapporté à la succession.

CONCLUSION

Nous avons terminé ainsi notre étude sur les rapports de la stipulation pour autrui et de la gestion d'affaires.

Dans notre dernière partie qui était réservée aux effets que produisent l'une et l'autre de ces conceptions juridiques, nous avons surtout envisagé le contrat d'assurance sur la vie au profit d'un tiers, contrat qui peut se concevoir tantôt comme gestion d'affaires, tantôt comme stipulation pour autrui.

Si nous nous sommes consacrés, dans une très large part, à l'étude de l'assurance, c'est que cette notion, très complexe, tout en présentant les caractères généraux tantôt d'une stipulation pour autrui ou tantôt d'une gestion d'affaires, produit, de plus, des effets spéciaux qu'il était nécessaire d'analyser.

Aussi pouvons-nous dire avec certitude que les grandes distinctions que nous avons signalées se rencontreront toujours entre toute stipulation pour autrui et toute gestion d'affaires.

Ces considérations nous conduisent à dire qu'entre

ces deux notions, il y a un abîme. Sans doute leur but semble identique. Elles cherchent toutes deux à créer, au profit d'une personne étrangère au contrat, un droit propre et personnel, mais les moyens qu'elles emploient et les conséquences qu'elles produisent entre les parties contractantes sont bien différents.

Une personne veut-elle se lier à jamais, faire acquérir à une autre un droit irrévocable sans toutefois qu'il lui en coûte rien de ses deniers personnels, elle n'a qu'à prendre la qualité de gérant d'affaires.

Veut-elle au contraire être maîtresse du bénéfice qu'elle a fait acquérir, se l'approprier à son gré ou changer de bénéficiaire, elle le peut aussi en stipulant pour autrui conformément à l'article 1121.

Entre ces deux moyens, il n'y a aucun rapprochement possible, c'est du moins ce que nous avons essayé de démontrer.

Ceci dit, il semble surprenant que des auteurs comme Demolombe aient cherché à démontrer qu'il fallait considérer toutes les stipulations pour autrui comme des gestions d'affaires.

C'est évidemment une erreur juridique. En la concevant les auteurs n'avaient qu'un but, celui d'élargir le domaine des rapports contractuels en écartant une prohibition condamnée par les nécessités pratiques. Ils ne considéraient qu'une chose l'article 1119. Ses dispositions étaient archaïques, il fallait à tout prix les tourner.

Ils n'avaient point pensé à toutes les applications que l'on pouvait tirer de l'article 1121. Cet article n'est point limitatif et à défaut d'une disposition législative mieux conçue et mieux rédigée, on a pu jusqu'ici y faire rentrer presque tous les cas de contrat en faveur des tiers.

Arrivés à cette évolution due à la doctrine et à la jurisprudence, il nous apparaît bien clairement maintenant que nos deux notions, tout en conservant chacune de leur côté de vastes champs d'application, ont un domaine absolument séparé.

Et nous ne pouvons terminer que par un souhait. C'est que les articles 1119 et 1121 disparaissent du Code et soient remplacés par une disposition qui, donnant une large et juste extension à la volonté des parties, permettra et sanctionnera tous les contrats en faveur des tiers.

Vu :

Le Doyen,   *Le Président de la Thèse,*
GLASSON.   SALEILLES.

Vu et permis d'imprimer :
Le Vice-Recteur de l'Académie de Paris,

GRÉARD.

LE BRAY

13

TABLE DES MATIÈRES

Alençon. — Imprimerie Veuve Félix GUY et Cⁱᵉ